はじめてでも かわいく 作れる

通園
バッグとこもの

成美堂出版

Contents

通園・通学3点セット

ランチタイムグッズ

毎日のアイテム

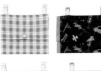

作り始める前に

用意するものやミシン縫いの基礎など、知っておきたいことをまとめました。
作品を作る前に確認しておきましょう。

用具について

印つけ、裁断、ミシン縫いで使う主な用具を紹介します。
必要な用具がそろっているかチェックしましょう。

裁ちばさみ

布を裁断するときに使う。紙を切ると切れ味が悪くなるので、布専用に。

糸切りばさみ

ミシン糸や手縫い糸を切るときに使う。切れ味がよく、にぎりやすいものを選ぶ。

手縫い針

返し口をまつるときやボタンつけなどに。布の厚さや糸の太さに合わせて選ぶ。

刺しゅう針

刺しゅうやアップリケをするときに使う、針穴の大きい専用の針。

まち針

布と布を縫い合わせるときに、布がずれないようにとめるための針。

ピンクッション

まち針や縫い針を刺しておくクッション。

方眼定規

布に直線を引くときに使う。方眼が入っているので、縫い代など平行線を引きやすい。

チャコペン

布に線を引いたり、印をつけるときに。水で消えるものや自然に消えるものが便利。

目打ち

袋の角出しのほか、布の印つけ（穴あけ）やミシンの布送りにも使える。

リッパー

はさみでは切りにくい縫い目やボタンの糸切りに使う。

ひも通し

体操着入れなどのひもを通すときや、ゴムテープを通すときに必要。

チャコピー

手芸用の複写紙。布に図案を写すときに使う。

ハトロン紙

型紙や実物大図案を写すときに使う薄紙。

ミシン

直線縫いとジグザグ縫いができるものを。

アイロン、アイロン台

作りながら、こまめにアイロンを当てるときれいに仕上がる。

布について

バッグやこもの作りによく使われる布を紹介します。
コットンは、キャンバス、オックス、シーチング、ブロードの順に薄くなります。
※作り方ページでコットンと表記しているものは、シーチングやブロード程度のやや薄めの平織り布です。

キャンバス（帆布）

厚手の平織り布。家庭用ミシンで縫いやすい11号帆布がおすすめ。

オックス

中厚手の平織り布。ほどよい厚みがある。

シーチング

やや薄手の平織り布。やわらかな風合いで扱いやすく、種類や色数も豊富。

ブロード

目の詰まった薄手の平織り布。シャツなどにもよく使われる。

キルティング地

2枚の布の間にシート状の綿を挟み、縫い合わせた厚手の布。

ラミネート地

布にラミネート加工（ビニールコーティング）を施したもので、撥水性がある。

ナイロン地（薄手）

撥水加工が施された、やや張りのある布。アイロンは当て布をして低温で。

その他の材料について

作品によって必要なものが異なるので、
それぞれの作り方ページを参照してください。

ミシン糸

布の色にあったものを用意する。ミシン糸と針の関係は6ページ参照。

手縫い糸

返し口を縫うときやボタンをつけるときに使う。

接着芯

布の裏にアイロンで接着し、布に張りをもたせる。

面ファスナー

ソフト面とハード面がセットになっている。必要な長さにカットして使う。

バッグ用テープ

バッグの持ち手に使うテープ。素材は綿やナイロンなどがある。

Dカン

上ばき入れの持ち手を通すカン。

丸ひも

体操着入れなどの巾着に通すひも。太さや色に種類がある。

フェルト

20cm×20cmの一般的なフェルトを使用。洗えるタイプがおすすめ。

25番刺しゅう糸

細い糸が6本よってあるので、指定の本数を引きそろえて使う。

リボン、レース

上からグログランリボン、レース、山道テープ。

ミシン縫いの基礎

久しぶりにミシンを使う人は、まずここを読んでミシン縫いのポイントをおさらいしましょう。
作品を縫う前に、余り布で試し縫いをするのも忘れずに。

〈 縫い始める前に 〉

糸と針

普通地を縫うときは、ミシン糸は60番、ミシン針は11号。厚手の布を縫うときは、ミシン糸は30番、ミシン針は14号にし、針目はやや粗くする。

上糸と下糸の準備

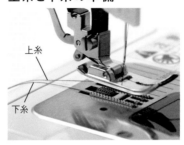

上糸

下糸

ミシンに上糸と下糸をかけて準備する。上糸と下糸は2本そろえて押さえ金の間に通し、後ろに引き出しておく。

糸調子

表

裏

余り布を使って試し縫いをして、縫い目の調子を確認する。写真のように表には上糸のみ、裏には下糸のみが見えるのが適正な糸調子。

〈 縫い方の基本 〉

縫い始めと縫い終わり（返し縫い）

返し縫いレバー

糸端から縫い目がほつれてこないように、縫い始めと縫い終わりは、基本的に返し縫いをする。返し縫いレバー（写真右）を使って、それぞれ3〜4針重ねて縫う。

縫い方

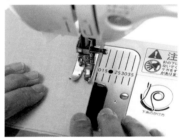

でき上がり線の上に針を落として縫う。または、ミシンについているガイド線（針からの距離を示した線）を縫い代に合わせて縫う。

縫い代を割る

布2枚を重ねて縫ったあと、縫い代を開いてアイロンで押さえる。

縫い代を倒す

布2枚を重ねて縫ったあと、縫い代を2枚一緒に左右どちらかに倒してアイロンで押さえる。

縫い目をほどく

縫い間違えたときは、リッパーの長い方の先を縫い目の下に差し込み、糸を切ってほどく。布を切らないように注意する。

〈 ミシン縫いのコツ 〉

角を縫う

1 角の手前にきたら速度を落とし、はずみ車（プーリー）で角の位置に針を落としてから押さえ金を上げる。

2 針を落としたまま、布の方向を90度かえ、押さえ金を下ろして縫い始める。

カーブを縫う

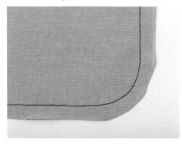

1 カーブの手前まで縫ったら、カーブ部分は、はずみ車（プーリー）を手で手前に回して縫う。

2 急なカーブは、はずみ車を回し、一針ごとに押さえ金を上げて布の角度を少しずつかえるときれいに縫える。

三つ折り縫い

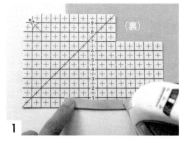

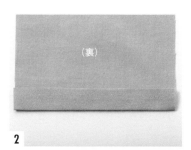

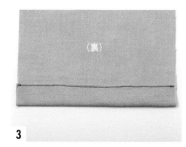

1 指定の幅（ここでは1cm）を折る。アイロン定規を使い、折り目にアイロンを当てるときれいに折れる。

2 さらに指定の幅（＝でき上がり線、ここでは2cm）を折り、同様にアイロンで押さえる。

3 三つ折りにした端を縫う。縫い目が曲がったり、布端から落ちてしまわないように注意して縫う。

ラミネート地を縫う

ラミネート地はすべりが悪いので、押さえ金をシリコン押さえにかえる、またはソーイング用のシリコン剤を押さえ金の裏やミシン針に塗って縫う。

ラミネート地の扱い方

ラミネート地はアイロン不可。まち針も打てないので、ソーイング用のクリップを使ってとめます。また生地のすべりが悪いので、ミシンで縫うときは、縫い目を少し長め（3mm弱）に設定すると縫いやすいでしょう。

ファスナーを縫う

ファスナー押さえ（片押さえ）にかえて縫う。ファスナーのスライダーの位置は、縫いながら移動させる。

通園・通学
3点セット

入園や入学に欠かせない、手さげバッグ、上ばき入れ、
体操着入れの3点セットを紹介します。
わくわくドキドキの新生活が
楽しく過ごせるように準備してあげましょう。

布切り替えのセット

手描き風のチェック柄プリントとグレーの
無地を合わせた、使いやすいシンプルなセットです。
写真付きで作り方を詳しく解説しているので、
ミシンがはじめてでも安心して作れます。

デザイン／青木恵理子　作り方／10ページ

Lesson
作品

通園・通学3点セットを作りましょう!

ここでは、8・9ページの「布切り替えのセット」の作り方を詳しく紹介します。
ソーイングに慣れていない方は、読んでから作るとスムーズです。

〈 通園・通学3点セットってなに? 〉

この本では、入園・入学の際に必要になることが多い「手さげバッグ」「上ばき入れ」「体操着入れ」を
通園・通学3点セットと呼んでいます。

手さげバッグ	**上ばき入れ**	**体操着入れ**

ランドセルや通園バッグの補助として使うバッグで、大きめの絵本や道具箱などが入るサイズ(約40cm×30cm)です。少し厚手のコットン、帆布やキルティングなどで作るのがおすすめです。

15〜22cmくらいの上ばきの持ち運びに使います。金具(Dカン)に持ち手を通して入れ口を閉めるつくりなので、園児にも使いやすいです。

体操着やお着替えを入れる巾着袋。厚手の布で作ると入れ口が閉まりにくいので、裏布をつけずに一枚仕立てで作るか、手さげバッグや上ばき入れより薄めの布を選びます。

〈 下準備 〉

布を裁つ前にスチームアイロンで布目を整えて、布の裏にチャコペンで線を引きます。

布目を整える

 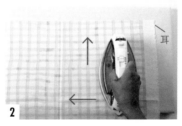

1 布の折りじわを伸ばすように手で軽く引っ張る。

2 スチームアイロンをたて地、よこ地に沿ってかける。アイロンは斜めには動かさない。

水通しについて

布によっては洗濯をすると縮むものもあります。バッグなので縮みがあまり気にならない方は、スチームアイロンをかける程度で大丈夫です。縮みが気になる場合は、裁断をする前に水通し(布に水をしっかりとしみ込ませ、水気をきって陰干しする)をして、半乾きのうちにアイロンをかけます。

印をつける

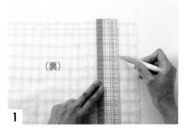 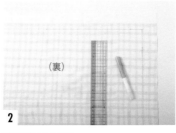

1 「裁ち合わせ図」を参照して、布の裏側に直接、縫い代線(布を裁つ線)を引く。

2 線が引けたところ。

でき上がり線について

11〜19ページのレッスン作品はでき上がり線(ミシンで縫う線)を引かずに、ミシンについているガイド線を利用して縫っていきます。でき上がり線がないと縫いづらい方やカーブがある作品などは、裁ち合わせ図を参照して、内側に指定の縫い代幅を平行にとって線を引きましょう。

〈 布切り替えのセットの作り方 〉

●材料
オックス（イエローとグレーのチェック柄プリント）── 108cm幅×80cm
シーチング（ライトグレーの無地）── 65cm×50cm
ライトキャンバス（イエローに白の水玉）── 70cm×65cm
直径0.5cmの丸ひも（白）── 1.6m
内径2.5cmのDカン（白）── 1個
60番ミシン糸（布地に合った色）

●サイズ
12・16・18ページの写真参照

裁ち合わせ図
・単位はcm　・[　]内は縫い代、指定以外は1cm

オックス（イエローとグレーのチェック柄プリント）
※イエローの縦線を各パーツの中央にするとよい

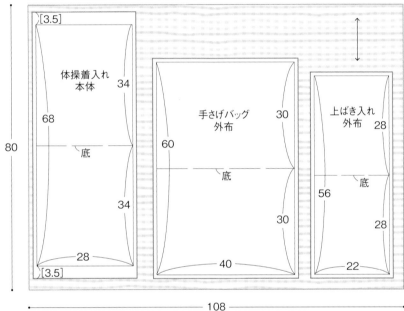

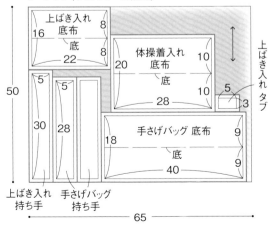

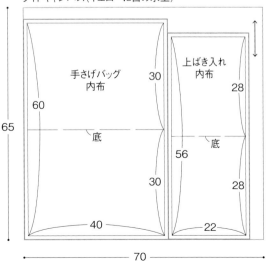

手さげバッグ

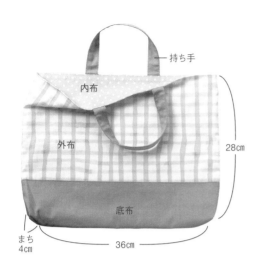

持ち手

内布

外布

28cm

底布

まち
4cm

36cm

1 布を裁つ

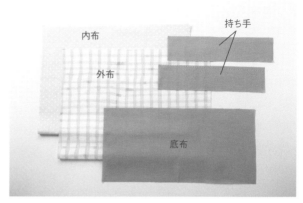

内布

外布

持ち手

底布

11ページの裁ち合わせ図を参照して各パーツを裁つ。

2 持ち手を作る

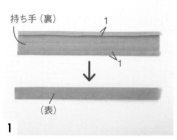

持ち手（裏）

1

1

（表）

1
長辺の縫い代を折り、アイロンで押さえる。
長辺を外表に半分に折る。

2
まち針でとめ、端から0.2cmのところをぐ
るりと縫う。目打ちの先で布を送るとずれ
ずに縫いやすい。

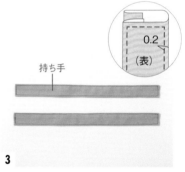

持ち手

0.2
（表）

3
2本作る。

3 外布を作る

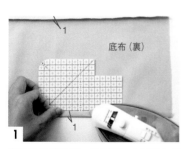

1

底布（裏）

1

1
底布の長辺の縫い代を折り、アイロンで
押さえる。

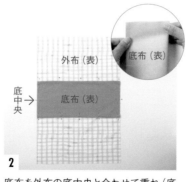

外布（表）

底布（表）

底中央

底布（表）

2
底布を外布の底中央と合わせて重ね（底
布と外布それぞれを半分に折り、指で折
り目をつけて中央を合わせるとよい）、ま
ち針でとめる。

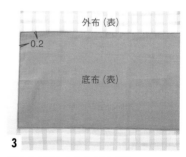

外布（表）

0.2

底布（表）

3
底布の上下左右をぐるりと縫う。

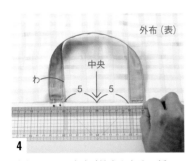

4

外布の入れ口中央(外布を半分に折って指で折り目をつける)から左右5cmのところに印をつけ、持ち手をまち針でとめる。

※持ち手つけ位置は作品によって異なります。

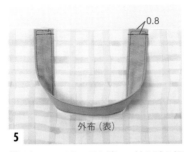

5

端から0.8cmのところを縫い、持ち手を仮どめする。

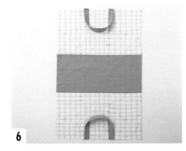

6

もう一方の入れ口に持ち手を同様に仮どめする。

4 外布と内布を縫い合わせる

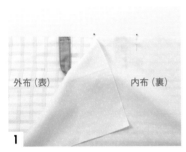

1

外布に内布を中表に重ね、入れ口をまち針でとめる。

2

ミシンについているガイド線(針からの距離を示した線)を1cmに合わせ、入れ口を縫う。縫い始めと縫い終わりは返し縫い(6ページ参照)をする。

3

入れ口を縫ったところ。もう一方の入れ口も同様に縫う。

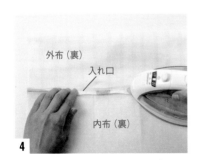

4

入れ口の縫い代を割り、アイロンを当てる。

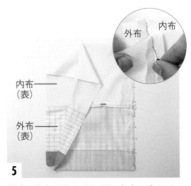

5

外布、内布同士をそれぞれ中表に合わせ、まち針でとめる。このとき入れ口がずれないように、入れ口を合わせてまち針でとめる。

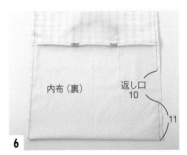

6

返し口1か所を残して両わきを縫う。縫い始めと縫い終わりは返し縫いをする。

※返し口とは、中表に縫うときに、表に返すために縫わずにあけておく部分のこと。

5 まちを作る

1
両わきの縫い代を割り、それぞれアイロンを当てる。

2
内布の底に軽くアイロンを当て、底線に折り目をつける。

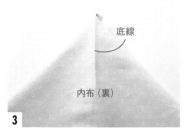

3
底線に折り目がついたところ。

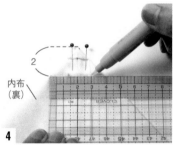

4
底の角を三角にたたんで底線とわきの縫い目を合わせ、角から2cmのところにチャコペンで線を引く。

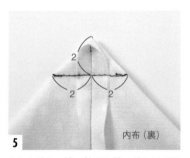

5
まちを縫う。縫い始めと縫い終わりは返し縫いをする。

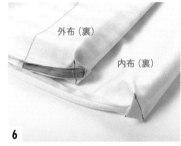

6
外布、内布各2か所同様に縫う。まちの三角部分は、外布は底側へ、内布はわき側へアイロンを当てて倒す。

〈 ワンポイントアドバイス 〉

●布の透けを防ぐ方法

底布を外布に重ねたときに、布の柄や色、厚さによっては、下の布の柄や色が透けてしまうことがあります。そんなときは底布の裏に接着芯を貼ってから重ねるとよいでしょう。接着芯は、薄手の布を使うときや生地にハリをもたせたいときにも貼ることがあります。

接着芯の貼り方

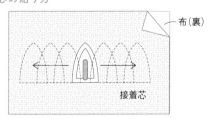

布の裏側を上にし、接着芯の接着面を下にして重ねる。アイロンを中温のドライにし、布の中央から外側に向かって1か所につき10秒程度しっかりと押し当て、熱が冷めるまでそのままにしておく。

●縫い目を見せない返し口のとじ方

この手さげバッグの返し口はミシンで縫っていますが（15ページの6 **5**）、縫い目が見えるのが気になる人は、表に縫い目を出さずにとじられるコの字とじがおすすめです。

コの字とじ

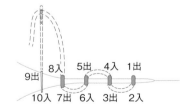

縫い代を折った状態で2枚の布を突き合わせにし、裏側から針を出してコの字を描くように折り山を縫い合わせる。

6 仕上げる

1 返し口から手を入れ、外布を引き出す。

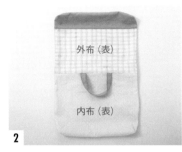

2 全体を表に返す。

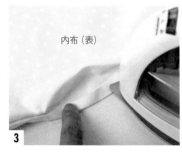

3 返し口の縫い代を内側に折り込み、アイロンを当てる。

4 返し口部分を重ねてまち針でとめる。

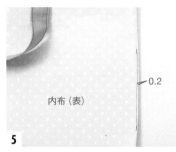

5 端から0.2cmのところを、返し口から上下少し長めに縫う。

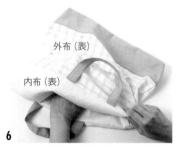

6 内布を外布の中に入れ、外布と内布を外表に合わせる。

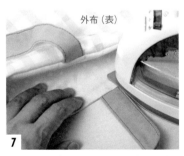

7 形を整え、縫い目を出すように内布を引っぱりながらアイロンをかける。

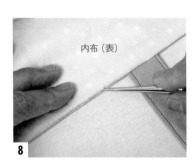

8 目打ちを使うと入れ口のラインがきれいに出る。

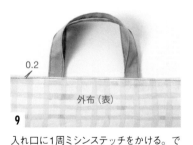

9 入れ口に1周ミシンステッチをかける。でき上がり。
※ミシンステッチとは、縫い代を落ち着かせたり、強度を出すために布の表側からミシンをかけること。

上ばき入れ

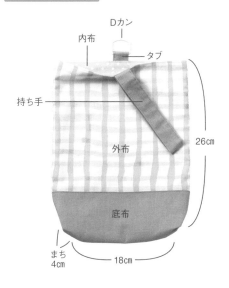

内布
Dカン
タブ
持ち手
外布
26cm
底布
まち 4cm
18cm

1 布を裁つ

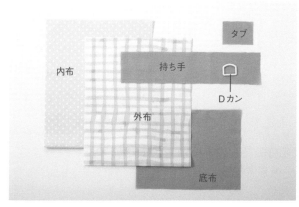

内布
タブ
持ち手
Dカン
外布
底布

11ページの裁ち合わせ図を参照して各パーツを裁つ。

2 持ち手とタブを作る

持ち手（表）

1
持ち手は12ページの2 1〜3と同様に作る（1本）。

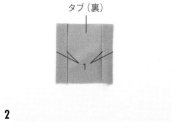

タブ（裏）
1

2
タブは短辺の縫い代を折り、アイロンで押さえる。

タブ（表）

3
外表に縦半分に折る。

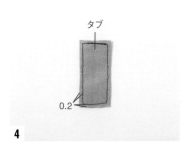

タブ
0.2

4
持ち手と同様に端から0.2cmのところをぐるりと縫う。

Dカン

5
Dカンを通して半分に折り、端から0.5cmのところを目打ちで布を送りながら縫う。
※縫いにくければ針の位置をかえるか、ファスナー押さえにかえて縫うとよい。

0.5

6
縫ったところ。

3 本体を作る

1

12ページの3 1〜3と同様に底布を外布に重ねて縫う。

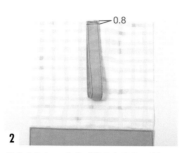

2

外布の入れ口中央（外布を半分に折って指で折り目をつける）に、二つ折りにした持ち手をまち針でとめ、端から0.8cmのところを縫って仮どめする。

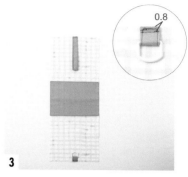

3

もう一方の入れ口中央にタブを同様に仮どめする。

4 外布と内布を縫い合わせる

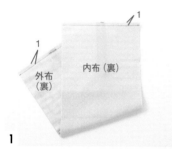

1

外布に内布を中表に重ね、13ページの4 1〜3と同様に入れ口を縫う。

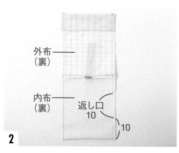

2

13ページの4 4〜6と同様に入れ口の縫い代を割り、外布、内布同士をそれぞれ中表に合わせて返し口を残して両わきを縫う。

5 まちを作る

1

14ページの5 1〜4と同様に両わきの縫い代を割り、底の角を三角にたたんで底線とわきの縫い目を合わせ、チャコペンで線を引く。

6 仕上げる

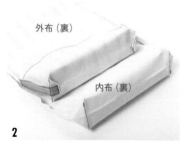

2

外布、内布各2か所、それぞれまちを縫う。縫い始めと縫い終わりは返し縫い（6ページ参照）をする。まちの三角部分は、外布は底側へ、内布はわき側へアイロンを当てて倒す。

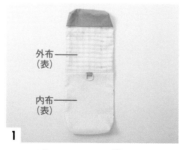

1

15ページの6 1〜5と同様に返し口から全体を表に返し、返し口を縫う。

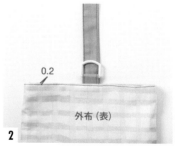

2

15ページの6 6〜8と同様に形を整えてアイロンを当て、入れ口に1周ミシンステッチをかける。でき上がり。

体操着入れ

1 布を裁つ

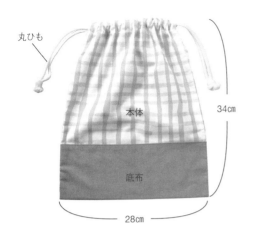

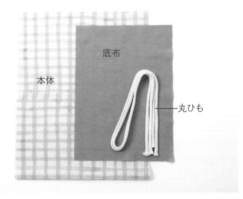

11ページの裁ち合わせ図を参照して各パーツを裁つ。丸ひもは半分の長さに切る。

2 本体を作る

1 底布の長辺の縫い代を折り、アイロンで押さえる。

2 12ページの3 **2・3**と同様に底布を本体に重ねて縫う。

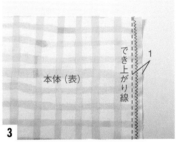

3 両わきにジグザグミシンをかける。布端ぎりぎりではなく、少し内側にジグザグミシンをかけるとかけやすい。

3 両わきを縫う

1 本体を中表に合わせる。

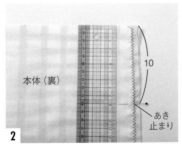

2 入れ口から10cmのところ（あき止まり）にまち針で印をつける。あき止まりから下もまち針をとめる。

※あき止まりとは、縫わずにあけておく部分と縫い合わせる部分の境目のこと。

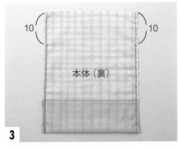

3 あき止まりから下の両わきを縫う。縫い始めと縫い終わりは返し縫い（6ページ参照）をする。

4 あき部分とひも通し口を縫う

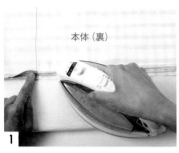

1
両わきの縫い代を割り、アイロンを当てる。あき止まりから上の縫い代も折ってアイロンを当てる。

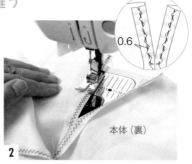

0.6

本体(裏)

2
本体を表に返し、裏側からあき部分を縫う。縫い始めと縫い終わりは返し縫いをする。

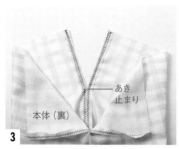

本体(裏)

あき止まり

3
あき部分を縫ったところ。

底布(表)

4
目打ちを使って底の角を出し、両わきにアイロンを当てて形を整える。

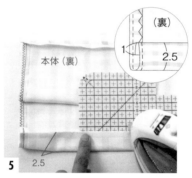

本体(裏)

(裏)
1   2.5

2.5

5
入れ口を1cm、2.5cmの順に三つ折りにしてアイロンを当てる。

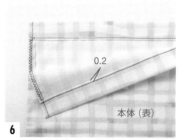

0.2

本体(表)

6
三つ折りにした端から0.2cmのところを縫う。もう一方の入れ口も同様に三つ折りにして縫う。縫い始めと縫い終わりは返し縫いをする。

5 仕上げる

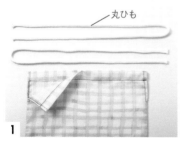

丸ひも

1
丸ひも80cmを2本用意する。

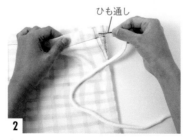

ひも通し

2
丸ひもをひも通しに通し、1の写真のように左右互い違いに通す。

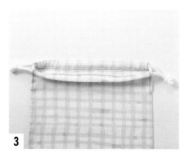

3
通したひも端を結ぶ。でき上がり。

いぬ柄プリントのセット

8・9 ページの作品と同じ仕立てです。
どこかユーモラスな表情のいぬ柄がかわいい。
ギンガムチェックとの切り替え部分には
山道テープをつけてアクセントにしました。

デザイン／青木恵理子　作り方／48 ページ

帆布とチェックのセット

ネイビーの帆布とチェックの組み合わせは、
年齢や性別を問わず幅広く使えます。
わきに挟んだ赤いテープもポイント。
ならいごとのレッスンバッグとしても活躍しそうです。

デザイン／赤峰清香　作り方／50 ページ

昆虫アップリケのセット

クワガタ、テントウムシ、カマキリを
フェルトでアップリケして縫いつけました。
手さげバッグと上ばき入れはキルティング地なので、
内布いらずで仕立ても簡単です。

デザイン／阪本あやこ　作り方／53 ページ

パステルカラーのセット

淡いトーンの水玉風プリント柄が
やさしい雰囲気です。
体操着入れはひもを片側絞りにしたので、
肩にかけて持ち運びができます。

デザイン／komihinata　作り方／56 ページ

星ポケットのセット

ブラウンの生地に星柄プリントのポケットを
つけたところがデザインの決め手。
落ち着いた色合いなので、
高学年になっても使えそうです。

デザイン／ komihinata　作り方／ 56 ページ

プリンセスのセット

小さな女の子の憧れ、
プリンセスをモチーフにしたセットです。
水色×パープル系プリントの組み合わせも、
とびきりキュートです。

デザイン／阪本あやこ　作り方／59ページ

通園・通学3点セット作りのアドバイス

布の柄と裁ち方の関係、サイズアップの方法などをお教えします。

〈 柄の向きと裁ち方 〉

布の柄には、天地のないもの、ランダムなもの、一方向なものなどいろいろあります。
ここでは手さげバッグを例に、柄のタイプ別に布の裁ち方を紹介します。

チェックやストライプ

柄に天地がないので
布目の方向だけ注意し、
底を続けて1枚で裁ちます。

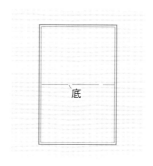

柄がランダムに
並んでいるもの

柄の天地を気にせず、
底を続けて1枚で裁つことができます。

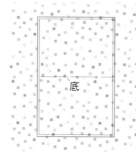

柄が一方向を
向いているもの

入れ口に向かって
柄が同じ方向を向くように、
縦または横に2枚を並べて裁ちます。

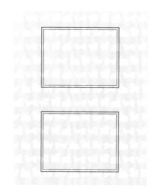

〈 布合わせのコツ 〉

8・9ページの作品のように、プリント柄と無地の布を合わせるときは、
最初に柄を決めて、その柄の中にある1色から無地を選ぶと相性よくまとまります。
何色を合わせてよいか迷ってしまうときは、この方法を試してみるとよいでしょう。
また、プリント柄の色に関係なく、相性のよい色を合わせるのもグッド。
20ページの作品ように、チェックやストライプは柄に合わせても邪魔をしないので、
無地のかわりに使うのもおすすめです。

〈 サイズを大きくしたいとき 〉

この本で紹介している通園・通学3点セットは、
幼稚園や保育園〜小学校低学年で使用するのにちょうどいいサイズです。
中〜高学年になると、上ばきや体操着などのサイズも大きくなるので、
もっと大きなものが必要になることも。
サイズアップする場合は、下記の寸法図を参考に作ってみてください。

手さげバッグ

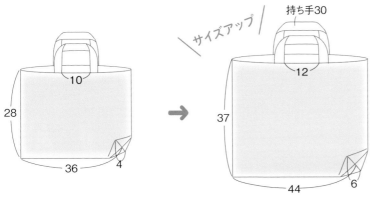

学期の終わりや年度末など、荷物をたくさん持ち帰るときなどにも便利です。持ち手は少しだけ長くしています。

上ばき入れ

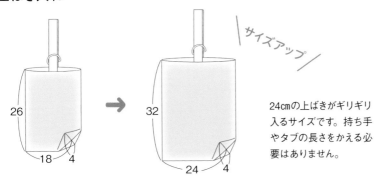

24cmの上ばきがギリギリ入るサイズです。持ち手やタブの長さをかえる必要はありません。

体操着入れ

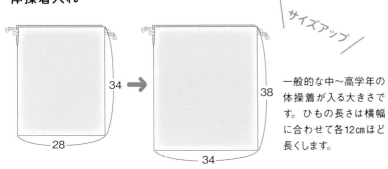

一般的な中〜高学年の体操着が入る大きさです。ひもの長さは横幅に合わせて各12cmほど長くします。

寸法図
・単位はcm
・[ ]内は縫い代、指定以外は1cm

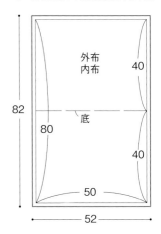

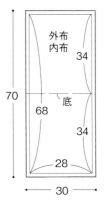

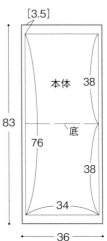

ランチタイム
グッズ

ランチタイムに必要なお弁当袋やランチョンマット、
調理実習や工作のときにあると便利なエプロンやスモック。
お気に入りのアイテムで子どもを喜ばせたいですね。

星座プリントの
ランチセット

ランチョンマット、お弁当袋、コップ入れ、
全部が入る小さなトートバッグの4点セット。
お気に入りのワッペンをつければ、
自分のマークにもなります。

デザイン／ komihinata　作り方／ 62 ページ

北欧風プリントの
ランチセット

30ページの作品の色違いです。
北欧テイストのポップな生地が目を引きます。
毎日のランチタイムが楽しくなること間違いなし。

デザイン／ komihinata　作り方／ 62 ページ

保冷バッグ・ファスナー

ラミネート地の内側に保温保冷シートを重ねています。
子どもの好きな生地で保冷バッグが作れるのも、
手作りならではです。

デザイン／青木恵理子　作り方／66ページ

内側には保温保冷シートを合わせました。
暑い季節にはお弁当と一緒に保冷剤を入れて。

保冷バッグ・巾着

入れ口をひもで絞る巾着タイプ。
ナイロン地なので軽く、小さな子でも持ち運びやすいです。
保冷バッグは一つあると、
遠足など行事のときにも使えて便利です。

デザイン／青木恵理子　作り方／68 ページ

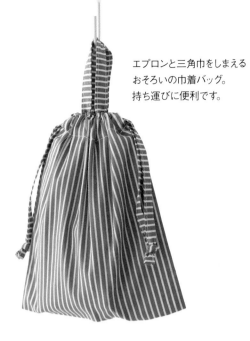

エプロンと三角巾をしまえる
おそろいの巾着バッグ。
持ち運びに便利です。

エプロンと三角巾

調理実習やお手伝いのときに必要になる
エプロンと三角巾。エプロンの肩ひもは面ファスナー、
後ろはゴムテープを入れて、
子どもが一人で脱ぎ着できるようにしました。

デザイン／赤峰清香　作り方／70 ページ

スモック

衿ぐりにゴムテープを入れた、
すぽっとかぶるタイプのスモック。
ラグラン袖で動きやすいのもうれしい。
身長110cm前後の子どもサイズです。

デザイン／青木恵理子　作り方／73ページ

自分印のマークをつけよう

通園・通学グッズができ上がったら、名札やマークをつけましょう。
入園のときには、まだ字の読めない子もいるので、
名前と一緒に自分印のマークをつけてあげるとよいでしょう。

〈 ワッペンと名前つけグッズ 〉

手芸店の他、雑貨屋やネットショップなど、いろいろなところで見つけることができます。

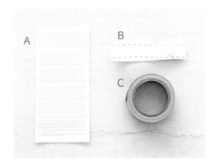

ワッペン

アイロン接着できるワッペン。動物、車、昆虫、果物など、お子さんの好きなものを選んであげて。

名前つけグッズ

A　アイロン接着できるお名前テープ。
B　スナップつきのネームタグ。バッグなどの持ち手につけることができます。
C　好きな長さにカットして使える、アイロン接着のお名前テープ。

〈 ループつきタオル 〉

園児の必需品、ループつきタオルを手作りしてみましょう。
上で紹介したようなワッペンを自分印につけるのもおすすめです。
洗い替えが必要なので、何枚か作るとよいでしょう。

Aの作り方

丸ひも15cm

5

①ひもをのせて縫う

②ひも端を隠すように
ワッペンを重ねて貼る

Bの作り方　・単位はcm

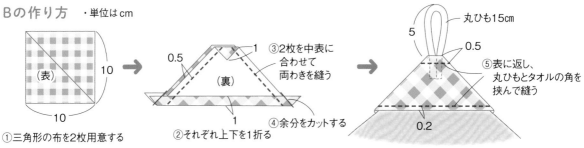

(表)

10

10

①三角形の布を2枚用意する

0.5

1

(裏)

1

③2枚を中表に
合わせて
両わきを縫う

④余分をカットする

②それぞれ上下を1折る

丸ひも15cm

5

0.5

⑤表に返し、
丸ひもとタオルの角を
挟んで縫う

0.2

毎日のアイテム

通園・通学にあると便利なグッズや、
スイミングやピアノなど放課後のならいごとのバッグなど。
毎日がんばる子どもたちを手作りのアイテムで応援しましょう。

移動ポケット

移動ポケットは作るのが大変！
と思っている人向けに、
できるだけ簡単に作れるように工夫しました。
毎日使うものだから、
洗い替え用に何個か作っても。

デザイン／A・B 青木恵理子　C・D komihinata
作り方／A・B 76 ページ　C・D 77 ページ

ティッシュの取り出し口のある
タイプ（左）とないタイプ（右）があります。

雨の日の絵本バッグ

雨の日に持ち歩いても、絵本を水濡れから守ってくれる
ラミネート地のフラップつきバッグ。
内布もラミネート地の2枚仕立てなので、
しっかりとした仕上がりです。

デザイン／ komihinata　作り方／ 78 ページ

リュック

2種類の布を組み合わせた巾着タイプのリュック。
フラップは面ファスナーでとめるので、
園児にも使いやすいつくりです。成長に合わせて使えるよう、
肩ひもの長さは調整できるようにしました。

デザイン／komihinata　作り方／79ページ

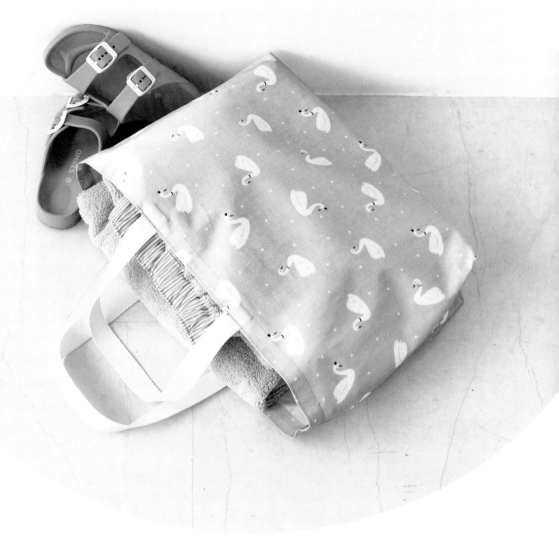

スイミングセット

市販のバスタオルでお着替えタオル、
フェイスタオルでタオルキャップが簡単に作れます。
かわいいプールバッグも一緒に作れば、
スイミングがもっと楽しくなりそうです。

デザイン／青木恵理子　作り方／82 ページ

ピアノバッグ

鍵盤と音符を刺しゅうで描いたレッスンバッグ。
グレーの水玉+黒+レースの組み合わせが大人かわいく、
少しお姉さんになった気分になりそうです。

デザイン／阪本あやこ　作り方／88 ページ

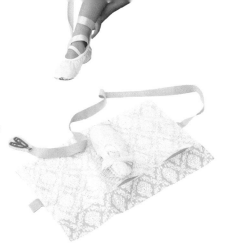

バレエセット

レオタードやお着替えなどを入れる
大きめのバッグとシューズケース。
フェルトで作った
トゥシューズのチャームが
女の子の心をときめかせます。

デザイン／阪本あやこ　作り方／85ページ

シューズを入れたら、
三つ折りにして
リボンをくるくる巻いてとめます。

大きめナップサック

ナイロン地で作る、少し大きめのナップサック。
柔道や空手など武道をならっている、
荷物の多いお子さんにもおすすめです。

デザイン／赤峰清香　作り方／89 ページ

小さなものは内ポケットへ。
底の方にたまって見つからない！
なんてこともありません。

タブレットケース

学校で使うタブレット端末を入れるケースは、
キルト芯でクッション性を出してタブレットを保護します。
ランドセルから出し入れしやすい、
持ち手つきの縦型タイプです。

デザイン／赤峰清香　作り方／92ページ

タッチペンを収納できるポケットつき。
ケースもポケットも
実際のサイズに合わせて調整して。

いぬ柄プリントのセット　写真20ページ

● 材料

オックス（アイスブルーの犬柄プリント）― 100cm×90cm
コットン（黄緑と白のギンガムチェック）― 95cm×40cm
ライトキャンバス（オフホワイトの無地）― 70cm×65cm
幅1cmの山道テープ（白・テープ幅0.5cm）― 1m
直径0.5cmの丸ひも（白）― 1.6m
内径2.5cmのDカン（白）― 1個
60番ミシン糸（布地に合った色）

● サイズ　図参照

裁ち合わせ図
・単位はcm　・[　]内は縫い代、指定以外は1cm

オックス（アイスブルーの犬柄プリント）
※柄合わせをして裁つ

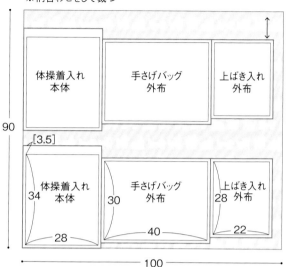

90

体操着入れ本体

手さげバッグ外布

上ばき入れ外布

[3.5]

体操着入れ本体　34　28

手さげバッグ外布　30　40

上ばき入れ外布　28　22

100

コットン（黄緑と白のギンガムチェック）
上ばき入れ 持ち手
手さげバッグ 持ち手
上ばき入れ 底布

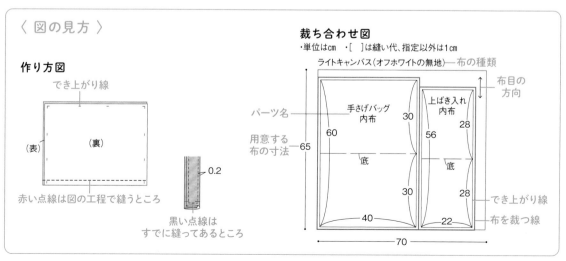

40

30　28　5　5

16　8　底　22　8

上ばき入れ タブ　5　3　3

手さげバッグ 底布　18　底　40　9　9

体操着入れ底布　10　20　底　28　10

95

ライトキャンバス（オフホワイトの無地）

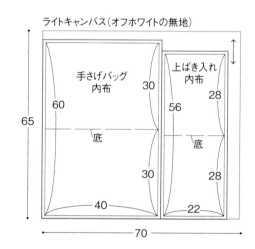

65

手さげバッグ内布　60　底　30　30

上ばき入れ内布　56　底　28　28　30

40　22

70

〈 図の見方 〉

作り方図

でき上がり線

（表）　（裏）

0.2

赤い点線は図の工程で縫うところ

黒い点線は
すでに縫ってあるところ

裁ち合わせ図
・単位はcm　・[　]は縫い代、指定以外は1cm

ライトキャンバス（オフホワイトの無地）―布の種類

布目の方向

パーツ名
用意する布の寸法

手さげバッグ内布　60　底　30　30

上ばき入れ内布　56　底　28　28　30

65

40　22

70

でき上がり線
布を裁つ線

手さげバッグ

1 持ち手を12ページの
2と同様に作る

2 外布を作る

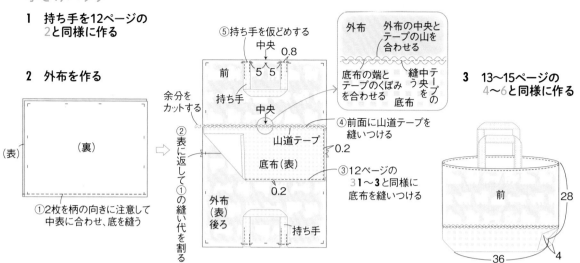

(裏)
(表)

①2枚を柄の向きに注意して
中表に合わせ、底を縫う

余分を
カットする

②表に返して①の縫い代を割る

⑤持ち手を仮どめする
中央 0.8
5 5
前
持ち手
中央

外布 外布の中央と
テープの山を
合わせる

底布の端と
テープのくぼみ
を合わせる

テープの中央を縫う
底布

④前面に山道テープを
縫いつける
山道テープ
0.2
底布(表)
0.2

③12ページの
3 1～3と同様に
底布を縫いつける

外布
(表)
後ろ
持ち手

3 13～15ページの
4～6と同様に作る

前
28
36
4

上ばき入れ

1 持ち手とタブを
16ページの
2と同様に作る

2 外布を手さげバッグの
2①～④と同様に作り、
持ち手とタブを
仮どめする

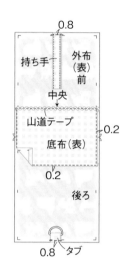

0.8
持ち手
外布
(表)
前
中央
山道テープ
0.2
底布(表)
0.2
後ろ
0.8 タブ

3 17ページの4～6と
同様に作る

前
26
18
4

体操着入れ

1 本体を作る

(裏)
本体
(表)

①2枚を柄の向きに注意して
外表に合わせ、底を縫う

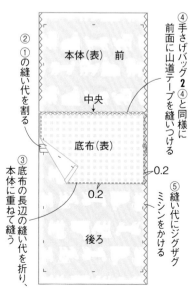

②①の縫い代を割る

本体(表) 前
中央
底布(表)
0.2
0.2
後ろ

④手さげバッグ2④と同様に
前面に山道テープを縫いつける

③底布の長辺の縫い代を折り、本体に重ねて縫う

⑤縫い代にジグザグミシンをかける

2 18・19ページの3～5と
同様に作る

前
34
28

帆布とチェックのセット 写真21ページ

●材料
11号帆布（ネイビーの無地）— 70cm角
コットン（白とグリーン系のチェック）— 100cm×80cm
厚手接着芯 — 25×40cm
幅2.5cmの綾テープ（赤）— 15cm
内径2.5cmのDカン（紺）— 1個
30番ミシン糸（布地に合った色）
●サイズ　図参照

裁ち合わせ図
・単位はcm　・[　]内は縫い代、指定以外は1cm

11号帆布（ネイビーの無地）

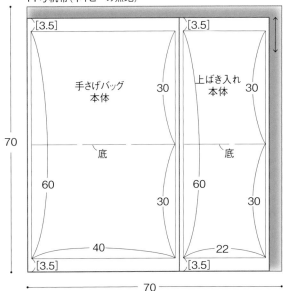

70

[3.5]　手さげバッグ本体　30　[3.5]　上ばき入れ本体　30
底　底
60　30　60　30
40　[3.5]　22　[3.5]

70

コットン（白とグリーン系のチェック）　※飾り布は柄合わせをして裁つ

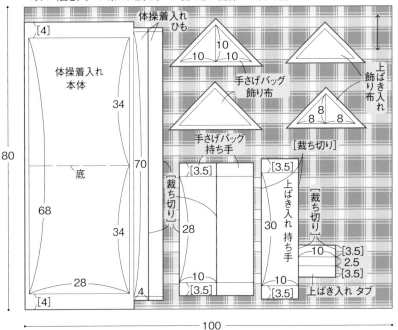

80

[4]　体操着入れひも
体操着入れ本体
34　手さげバッグ飾り布
底　70　10 10 10
68　手さげバッグ持ち手　上ばき入れ飾り布
34　28　8 8 8
28　[裁ち切り]　[3.5]　30　上ばき入れ持ち手
[4]　4　10 [3.5]　10 [3.5]　[裁ち切り]　10 [3.5] 2.5 [3.5]
上ばき入れ タブ

100

1　飾り布を作る

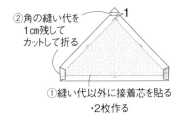

②角の縫い代を1cm残してカットして折る　1
①縫い代以外に接着芯を貼る
・2枚作る

2　持ち手を作る

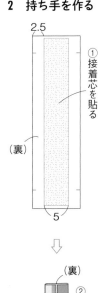

2.5
①接着芯を貼る
（裏）
5

（裏）
②外表に四つ折りにして縫う
0.2
（表）
・2本作る

3 本体を作る

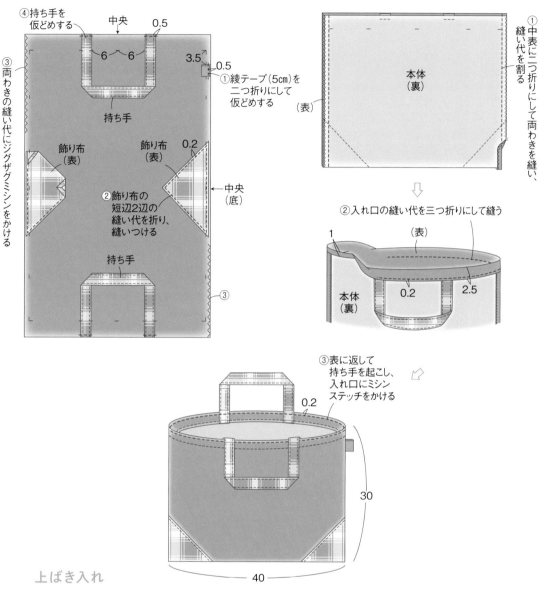

④持ち手を仮どめする

中央

0.5

6　6

3.5

0.5

①綾テープ（5cm）を二つ折りにして仮どめする

持ち手

③両わきの縫い代にジグザグミシンをかける

飾り布（表）

飾り布（表）

0.2

②飾り布の短辺2辺の縫い代を折り、縫いつける

中央（底）

持ち手

③

4 仕上げる

①中表に二つ折りにして両わきを縫い、縫い代を割る

本体（裏）

（表）

②入れ口の縫い代を三つ折りにして縫う

1

（表）

本体（裏）

0.2

2.5

③表に返して持ち手を起こし、入れ口にミシンステッチをかける

0.2

30

40

上ばき入れ

1 持ち手を作る

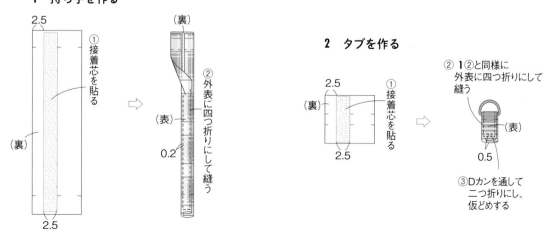

2.5

（裏）

①接着芯を貼る

（裏）

②外表に四つ折りにして縫う

（表）

0.2

2.5

2 タブを作る

2.5

（裏）

①接着芯を貼る

2.5

②1②と同様に外表に四つ折りにして縫う

（表）

0.5

③Dカンを通して二つ折りにし、仮どめする

3 本体を作る

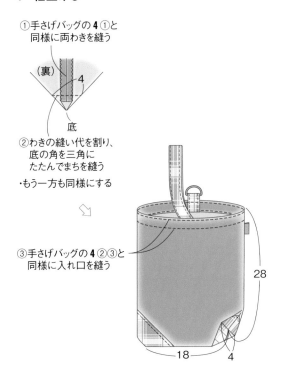

④二つ折りにした持ち手とタブを仮どめする

中央
↓0.5

持ち手

3.5
□0.5

①綾テープ（5cm）を二つ折りにして仮どめする

②飾り布を手さげバッグの1と同様に作り、縫いつける

飾り布（表）

0.2

中央（底）→

本体（表）

③両わきの縫い代にジグザグミシンをかける

タブ
0.5 中央 ④

4 仕上げる

①手さげバッグの4①と同様に両わきを縫う

（裏）
4
底

②わきの縫い代を割り、底の角を三角にたたんでまちを縫う

・もう一方も同様にする

③手さげバッグの4②③と同様に入れ口を縫う

28
18
4

体操着入れ

1 ひもを作る

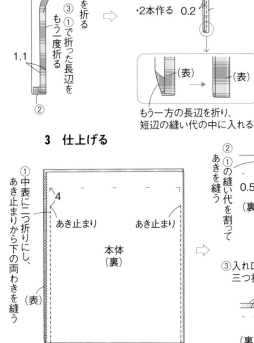

②短辺の縫い代を折る

（裏）
0.9

①一方の長辺を折る

③①で折った長辺をもう一度折る

1.1

②

④もう一方の長辺を折って縫う

（表）

・2本作る 0.2

もう一方の長辺を折り、短辺の縫い代の中に入れる

（表） → （表）

2 本体にテープをつける

②両わきの縫い代にジグザグミシンをかける

本体（表）

①綾テープ（5cm）を二つ折りにして仮どめする
0.5
5
中央（底）→

3 仕上げる

①中表に二つ折りにし、あき止まりから下の両わきを縫う

4
あき止まり　あき止まり

本体（裏）

（表）

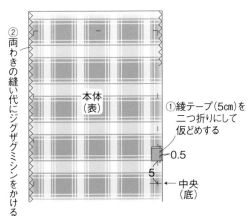

②①の縫い代を縫う

①の縫い代を割って

0.5
（裏）
あき止まり
わき

③入れ口の縫い代を三つ折りにして縫う

1
3
（裏）
0.2
わき

④19ページの5と同様にひもを通して結ぶ

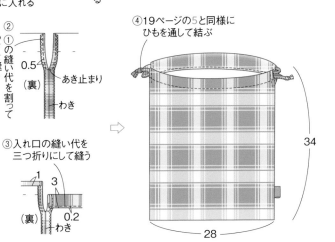

34
28

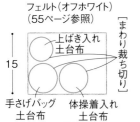

昆虫アップリケのセット　写真22ページ

●材料

キルティング（紺と白のヒッコリーストライプ）── 70cm角

コットン（紺と白のヒッコリーストライプ）── 75cm×30cm

フェルト（オフホワイト）── 20cm×15cm、（黄緑、こげ茶）── 各10cm角、（赤、黒、水色）── 各5cm角

幅2.5cmのバッグ用テープ（赤）── 2.3m

直径0.5cmの丸ひも（赤）── 1.6m

内径2.5cmのDカン（紺）── 1個

25番刺しゅう糸（赤、黄緑、緑、黒、水色、青）

60番ミシン糸（布地に合った色）、ほつれ止め

●サイズ　図参照

裁ち合わせ図

・単位はcm　・[　]内は縫い代、指定以外は1cm

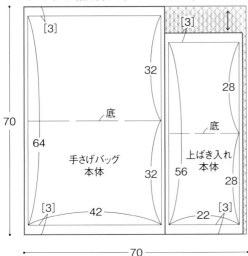

キルティング（紺と白のヒッコリーストライプ）

コットン（紺と白のヒッコリーストライプ）

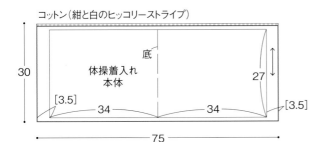

フェルト（オフホワイト）
（55ページ参照）

手さげバッグ

1　本体を作る

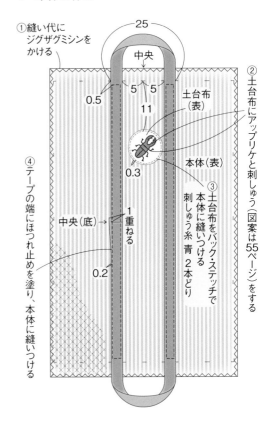

① 縫い代にジグザグミシンをかける

② 土台布にアップリケと刺しゅう（図案は55ページ）をする

③ 土台布をバック・ステッチで本体に縫いつける　刺しゅう糸 青 2本どり

④ テープの端にほつれ止めを塗り、本体に縫いつける

2　本体の両わきとまちを縫う

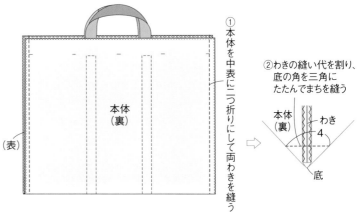

① 本体を中表に二つ折りにして両わきを縫う

② わきの縫い代を割り、底の角を三角にたたんでまちを縫う

3　仕上げる

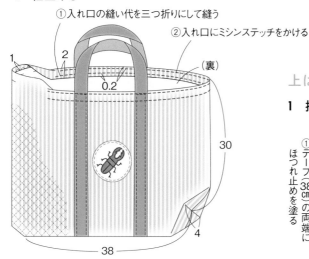

①入れ口の縫い代を三つ折りにして縫う

②入れ口にミシンステッチをかける

1

2

0.2

(裏)

30

4

38

上ばき入れ

上ばき入れ

1　持ち手を作る

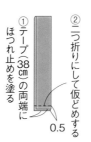

①テープ（38㎝）の両端にほつれ止めを塗る

②二つ折りにして仮どめする

0.5

2　タブを作る

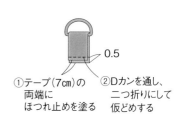

0.5

①テープ（7㎝）の両端にほつれ止めを塗る

②Dカンを通し、二つ折りにして仮どめする

3　本体を作る

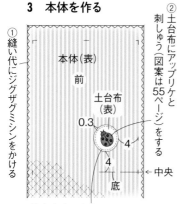

①縫い代にジグザグミシンをかける

②土台布にアップリケと刺しゅう（図案は55ページ）をする

本体（表）前

土台布（表）

0.3

4

4

中央

底

③土台布を本体にバック・ステッチで縫いつける　刺しゅう糸　赤　2本どり

4　仕上げる

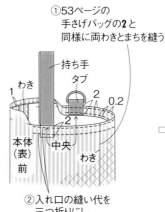
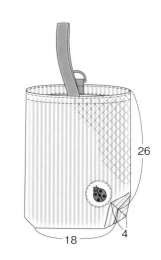

①53ページの手さげバッグの2と同様に両わきとまちを縫う

持ち手　タブ

わき

1

2

2

0.2

本体（表）前

中央

わき

②入れ口の縫い代を三つ折りにし、持ち手（前側につける）とタブを重ねて縫う

26

18

4

体操着入れ

1　本体を作る

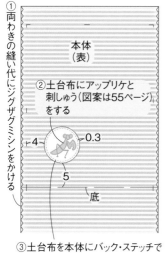

①両わきの縫い代にジグザグミシンをかける

本体（表）

②土台布にアップリケと刺しゅう（図案は55ページ）をする

0.3

4

5

底

③土台布を本体にバック・ステッチで縫いつける　刺しゅう糸　黄緑　2本どり

2　本体の両わきを縫う

2.5

あき止まり　　あき止まり

（表）

（裏）

③本体を中表に二つ折りにしてあき止まりから下の両わきを縫う

3　19ページの4・5と同様に作る

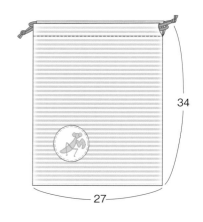

34

27

実物大アップリケ・刺しゅう図案

・刺しゅうは25番刺しゅう糸
・アップリケ布はすべてフェルト［裁ち切り］
・ステッチの刺し方は95ページ参照

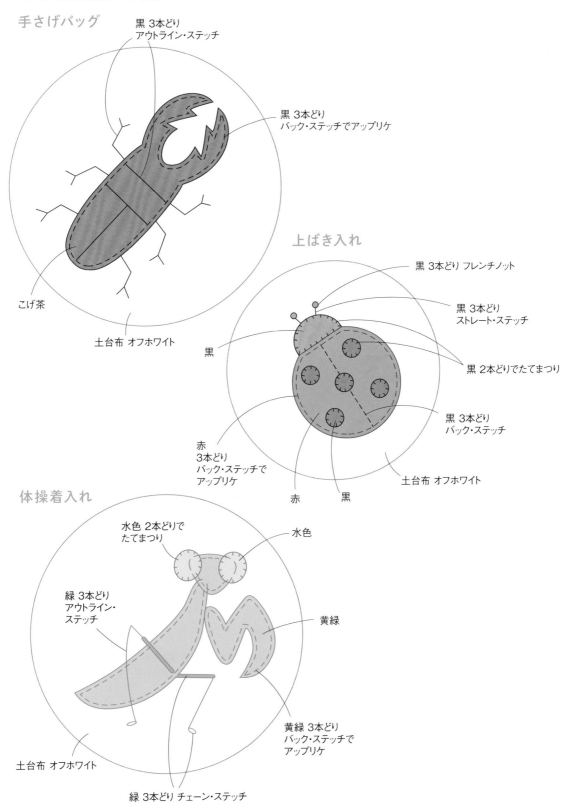

手さげバッグ

黒 3本どり
アウトライン・ステッチ

黒 3本どり
バック・ステッチでアップリケ

こげ茶

土台布 オフホワイト

上ばき入れ

黒 3本どり フレンチノット

黒 3本どり
ストレート・ステッチ

黒 2本どりでたてまつり

黒 3本どり
バック・ステッチ

土台布 オフホワイト

黒

赤
3本どり
バック・ステッチで
アップリケ

赤

黒

体操着入れ

水色 2本どりで
たてまつり

水色

緑 3本どり
アウトライン・
ステッチ

黄緑

黄緑 3本どり
バック・ステッチで
アップリケ

土台布 オフホワイト

緑 3本どり チェーン・ステッチ

パステルカラーのセット 写真24ページ
星ポケットのセット 写真25ページ

※パステルカラーのセットをA、星ポケットのセットをBとする

●材料（1セット分）
A　コットン（白に水玉風スクエア柄）── 70cm×105cm
　　オックス（ピンクの無地）── 109cm幅×65cm
B　オックス（ダークブラウンの無地）── 70cm×105cm
　　コットン（グレーと白のストライプに星柄）── 110cm幅×65cm（裁ち合わせ図参照）
直径0.5cmの丸ひも（Aピンク、Bこげ茶）── 135cm
内径2.5cmのDカン（A白、Bこげ茶）── 1個
60番ミシン糸（布地に合った色）
●サイズ　図参照

裁ち合わせ図
・単位はcm　・[　]内は縫い代、指定以外は1cm

A コットン（白に水玉風スクエア柄）
B オックス（ダークブラウンの無地）

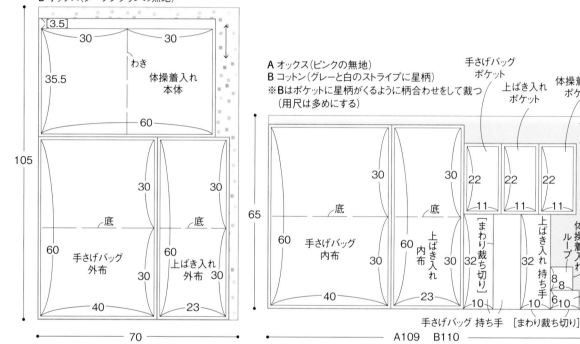

A オックス（ピンクの無地）
B コットン（グレーと白のストライプに星柄）
※Bはポケットに星柄がくるように柄合わせをして裁つ
　（用尺は多めにする）

手さげバッグ

1　持ち手を作る

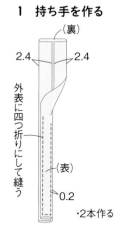

2　ポケットを作る

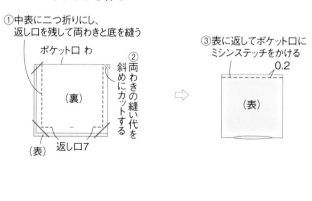

3 外布を作る

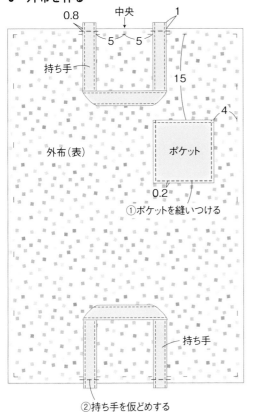

0.8
中央
1
5　5
持ち手
15
4
外布（表）
ポケット
0.2
①ポケットを縫いつける
持ち手
②持ち手を仮どめする

4 13ページの4、15ページの6と同様に作る

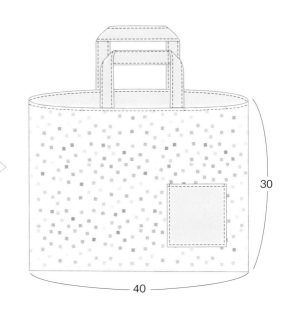

30
40

上ばき入れ

1 持ち手を作る

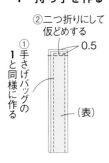

②二つ折りにして
仮どめする
0.5
①手さげバッグの
1と同様に作る
（表）

2 タブを作る

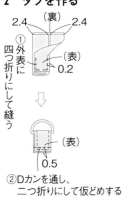

2.4　（裏）　2.4
①外表に
四つ折り
にして
縫う
（表）
0.2
（表）
0.5
②Dカンを通し、
二つ折りにして仮どめする

3 外布を作る

②
中央　0.8
持ち手
中央
12
ポケット
（表）
0.2
①手さげバッグの
2と同様にポケットを作り、
縫いつける
外布（表）
②持ち手とタブを仮どめする
タブ
中央　0.8

4 17ページの4・6と同様に作る

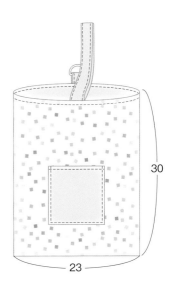

30
23

1　ループを作る

2　本体を作る

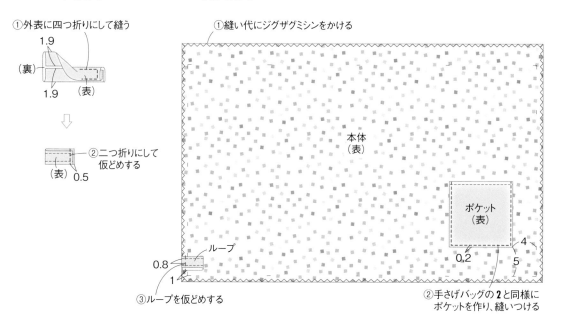

①外表に四つ折りにして縫う

1.9
（裏）
1.9
（表）

②二つ折りにして仮どめする
（表）0.5

①縫い代にジグザグミシンをかける

本体
（表）

ポケット
（表）

0.2　　4
5

ループ
0.8
1
③ループを仮どめする

②手さげバッグの**2**と同様に
ポケットを作り、縫いつける

3　仕上げる

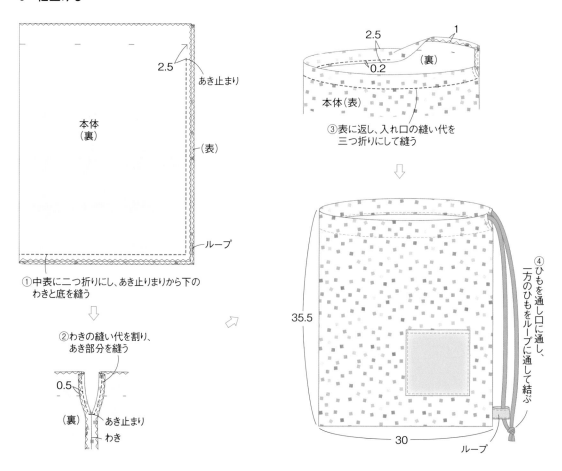

2.5
あき止まり

本体
（裏）

（表）

ループ

①中表に二つ折りにし、あき止まりから下の
わきと底を縫う

②わきの縫い代を割り、
あき部分を縫う

0.5

（裏）
あき止まり
わき

2.5
1
0.2
（裏）

本体（表）

③表に返し、入れ口の縫い代を
三つ折りにして縫う

35.5

30
ループ

④ひもを通し口に通し、
一方のひもをループに通して結ぶ

プリンセスのセット　写真26ページ

●材料
コットン（紫系ボーダー柄プリント）— 110cm幅×85cm
11号帆布（ライトブルーの無地）— 108cm幅×70cm
フェルト（水色）— 20cm角、（クリーム色、うす黄色、ピンク、濃ピンク）— 各5cm角
幅1.2cmのレース（白）— 10cm
幅2.5cmのバッグ用テープ（うす紫）— 1m
直径0.5cmの丸ひも（うす紫）— 1.6m
内径2.5cmのDカン（うす紫）— 1個
25番刺しゅう糸（水色、クリーム色、うす黄色、濃ピンク、青）
60番ミシン糸（布地に合った色）

●サイズ　図参照

裁ち合わせ図
・単位はcm　・[　]内は縫い代、指定以外は1cm

コットン（紫系ボーダー柄プリント）

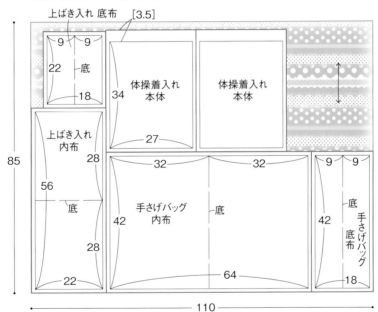

11号帆布（ライトブルーの無地）

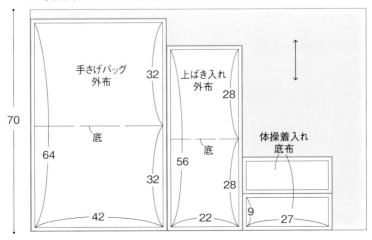

手さげバッグ

1 外布を作る

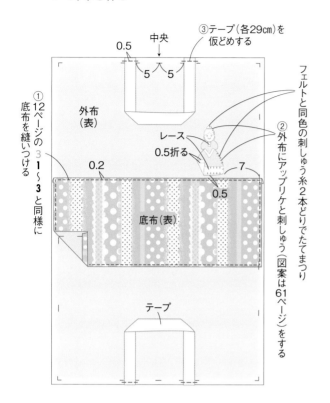

①12ページの**1**～**3**と同様に底布を縫いつける

0.5

中央

5 5

③テープ（各29cm）を仮どめする

外布（表）

レース

0.5折る

0.2

0.5

7

底布（表）

テープ

フェルトと同色の刺しゅう糸2本どりでたてまつり

②外布にアップリケと刺しゅう（図案は61ページ）をする

2 13～15ページの**4**～**6**と同様に作る

30

38

4

上ばき入れ

1 外布を作る

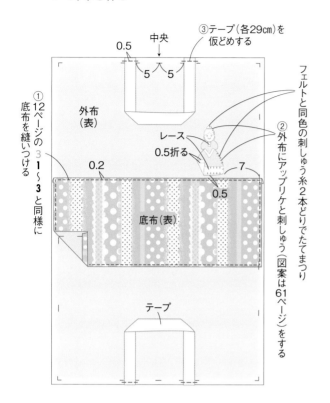

③テープ（30cm）を二つ折りにして仮どめする

中央

0.8

①底布の長辺の縫い代を折り、外布に重ねて縫う

0.2

4

0.2

底布（表）

0.2

外布（表）

②外布にアップリケと刺しゅう糸 水色 2本どりでたてまつり刺しゅう（図案は61ページ）をする

④テープ（6cm）にDカンを通し、二つ折りにして仮どめする

0.8

中央

2 17ページの**4**～**6**と同様に作る

26

18

4

体操着入れ

1 本体を作る

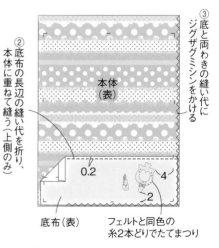

③底と両わきの縫い代にジグザグミシンをかける

②底布の長辺の縫い代を折り、本体に重ねて縫う（上側のみ）

本体（表）

0.2

4

2

底布（表）

フェルトと同色の糸2本どりでたてまつり

①底布の1枚にアップリケと刺しゅう（図案は61ページ）をする

・もう1枚を②③と同様に作る

2 本体の両わきと底を縫う

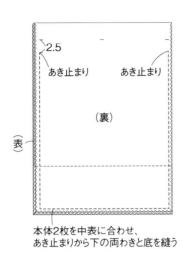

2.5

あき止まり　　　　あき止まり

（裏）

（表）

本体2枚を中表に合わせ、
あき止まりから下の両わきと底を縫う

3 19ページの 4・5 と同様に作る

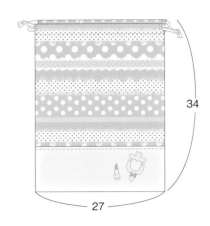

34

27

実物大アップリケ・刺しゅう図案
・アップリケ布はすべてフェルト［裁ち切り］
・刺しゅうは25番刺しゅう糸、指定以外は3本どり
・外布または底布にアップリケ（つけ方は作り方を参照）をしてから刺しゅうをする
・ステッチの刺し方は95ページ参照

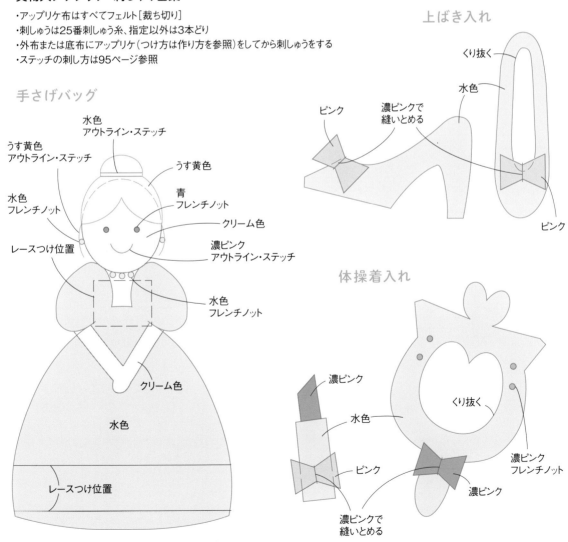

手さげバッグ

水色
アウトライン・ステッチ

うす黄色
アウトライン・ステッチ

うす黄色

青
フレンチノット

水色
フレンチノット

クリーム色

レースつけ位置

濃ピンク
アウトライン・ステッチ

水色
フレンチノット

クリーム色

水色

レースつけ位置

上ばき入れ

くり抜く

水色

ピンク

濃ピンクで
縫いとめる

ピンク

体操着入れ

濃ピンク

水色

くり抜く

濃ピンク
フレンチノット

ピンク

濃ピンク

濃ピンクで
縫いとめる

星座プリントのランチセット　写真30ページ
北欧風プリントのランチセット　写真31ページ

※星座プリントのランチセットを A、北欧風プリントのランチセットを B とする

●材料（1セット分）

A　コットン（黒の星柄プリント）── 100cm×55cm

　　オックス（グレーの無地）── 90cm×70cm

B　オックス（パープル系の雲柄プリント）── 100cm×55cm

　　オックス（ライラックの無地）── 90cm×70cm

直径0.5cmの丸ひも（A黒、B白）　1.9m

ワッペン──A5枚、B6枚

60番ミシン糸（布地に合った色）、裁縫用接着剤

●サイズ　図参照

裁ち合わせ図

・単位はcm　・[　]内は縫い代、指定以外は1cm

A コットン（黒の星柄プリント）　B オックス（パープル系の雲柄プリント）

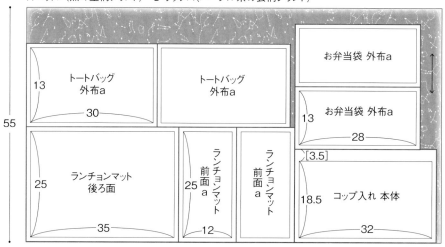

A オックス（グレーの無地）　B オックス（ライラックの無地）

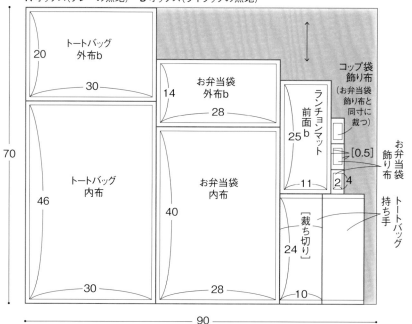

トートバッグ

1 持ち手を作る

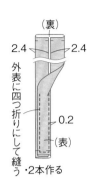

（裏）

2.4　2.4

外表に四つ折りにして縫う

0.2

（表）

・2本作る

2 外布を作る

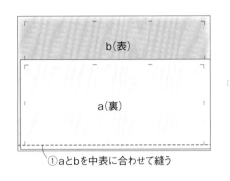

b（表）

a（裏）

①aとbを中表に合わせて縫う

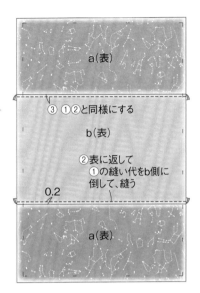

a（表）

③①②と同様にする

b（表）

②表に返して
①の縫い代をb側に
倒して、縫う

0.2

a（表）

3 外布と内布を縫い合わせる

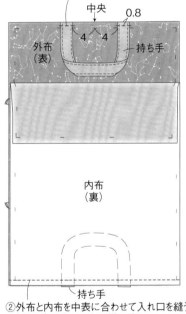

①持ち手を外布に仮どめする

中央　0.8

外布
（表）

4　4

持ち手

内布
（裏）

持ち手

②外布と内布を中表に合わせて入れ口を縫う
もう一方の入れ口も同様に縫う

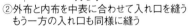

8

内布
（表）

内布
（裏）

返し口8

③②の縫い代を割る

④外布、内布同士を
それぞれ中表に合わせ、
返し口を残して
両わきを縫う

外布
（表）

外布（裏）

4 まちを作る

①底の角を三角にたたんで
まちを縫う

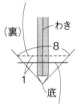

（裏）　わき

8

1

底

②余分な縫い代を
カットする

（裏）　わき

③ジグザグミシンをかける

・外布、内布
各2か所同様にする

5 仕上げる

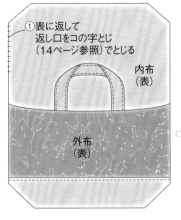

①表に返して
返し口をコの字とじ
（14ページ参照）でとじる

内布
（表）

外布
（表）

19

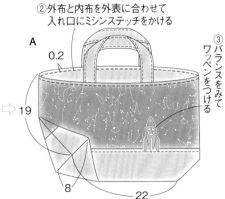

②外布と内布を外表に合わせて
入れ口にミシンステッチをかける

A

0.2

③バランスをみてワッペンをつける

8

22

B

ワッペン

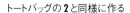

お弁当袋

1 外布を作る

トートバッグの **2** と同様に作る

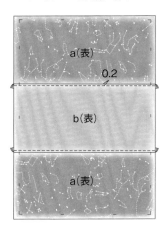

a(表)

0.2

b(表)

a(表)

2 外布と内布を縫い合わせる

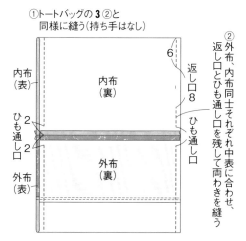

①トートバッグの **3** ②と
同様に縫う(持ち手はなし)

内布
(表)

内布
(裏)

6

返し口8

②外布、内布同士それぞれ中表に合わせ、返し口とひも通し口を残して両わきを縫う

ひも通し口

ひも通し口

2
2

外布
(表)

外布
(裏)

3 まちを作り、ひも通し口の始末をする

①トートバッグの **4** と
同様にまちを作る

(裏)

わき

10

1

・外布、内布各2か所
同様にする

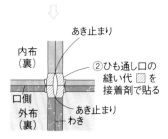

あき止まり

内布
(裏)

②ひも通し口の
縫い代 🔲 を
接着剤で貼る

口側

外布
(裏)

あき止まり

わき

・もう一方も同様にする

4 仕上げる

①トートバッグの **5** ①と同様に返し口をとじる

②外布と内布を外表に合わせて
ひも通し位置を縫う

内布(表)

2

外布(表)

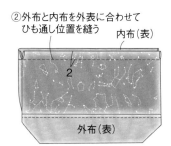

ひもの通し方

A

15

10

18

飾り布

③ひも(各70cm)を通し、
飾り布を作って(下図参照)、
つける

④バランスをみて
ワッペンをつける

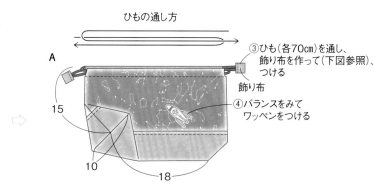

B

ワッペン

飾り布の作り方

短辺の縫い代を折る

1

(裏)

0.5

(表)

(裏)

中表に
二つ折りにして
両わきを縫う

ひも

1挟む

0.2

(表)

表に返し、
ひもを挟んで縫う

コップ入れ

1 本体を作る

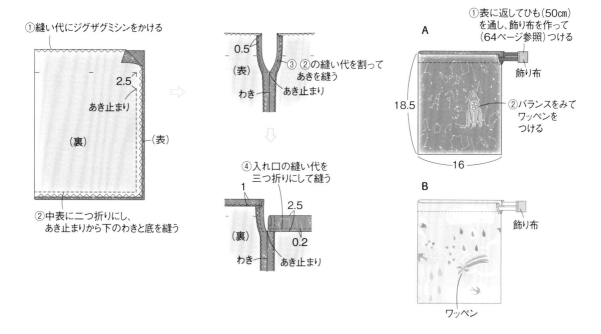

①縫い代にジグザグミシンをかける

2.5
あき止まり

(裏)　(表)

②中表に二つ折りにし、あき止まりから下のわきと底を縫う

0.5
(表)
わき　あき止まり

③②の縫い代を割ってあきを縫う

④入れ口の縫い代を三つ折りにして縫う

1
(裏)
2.5
0.2
わき　あき止まり

2 仕上げる

①表に返してひも（50cm）を通し、飾り布を作って（64ページ参照）つける

A

飾り布

18.5
16

②バランスをみてワッペンをつける

B

飾り布

ワッペン

ランチョンマット

1 前面を作る

①aとbを中表に合わせて縫う

a
(表)
b
(裏)

②表に返して縫い代を割る

a
(表)
b
(表)
a
(表)

③①②と同様にする

2 前面と後ろ面を縫い合わせる

前面と後ろ面を中表に合わせ、返し口を残して縫う

後ろ面
(表)
前面
(裏)

返し口7

3 仕上げる

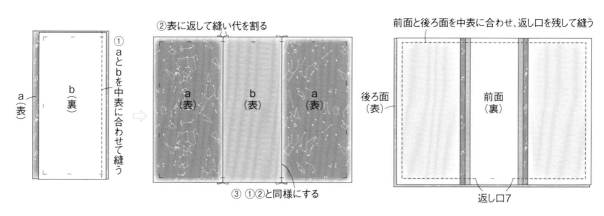

①表に返して返し口の縫い代を折り込み、ミシンステッチをかける

A

0.2

②バランスをみてワッペンをつける

25
35

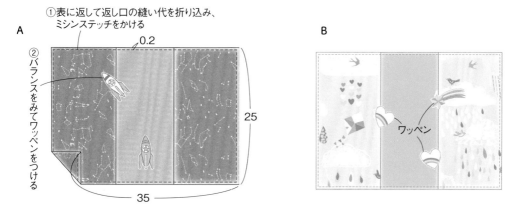

B

ワッペン

保冷バッグ・ファスナー 写真32ページ

●材料

ラミネート地（ブルー系くるま柄プリント）— 75cm×30cm

保温保冷シート— 30cm×44cm

長さ30cmのファスナー（オフホワイト）—1本

60番ミシン糸（オフホワイト）

●サイズ　図参照

裁ち合わせ図

・単位はcm　・[ ]内は縫い代、指定以外は1cm

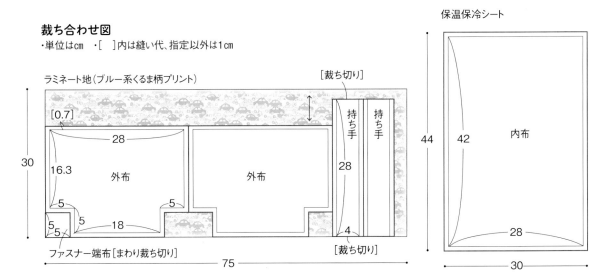

ラミネート地（ブルー系くるま柄プリント）

[0.7]

[裁ち切り]

持ち手

持ち手

28

28

4

外布

外布

16.3

28

5

5

5　5

5

18

30

75

[裁ち切り]

ファスナー端布[まわり裁ち切り]

保温保冷シート

内布

44

42

28

30

1　持ち手を作る

2　ファスナーの端の始末をする

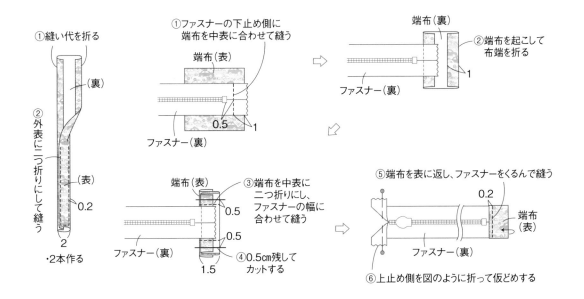

①縫い代を折る

（裏）

②外表に二つ折りにして縫う

（表）

0.2

2

・2本作る

①ファスナーの下止め側に端布を中表に合わせて縫う

端布（表）

0.5

1

ファスナー（裏）

端布（裏）

②端布を起こして布端を折る

1

ファスナー（裏）

端布（表）

③端布を中表に二つ折りにし、ファスナーの幅に合わせて縫う

0.5

0.5

1.5

④0.5cm残してカットする

ファスナー（裏）

⑤端布を表に返し、ファスナーをくるんで縫う

0.2

端布（表）

ファスナー（裏）

⑥上止め側を図のように折って仮どめする

3　外布の底を縫い、内布と持ち手を仮どめする

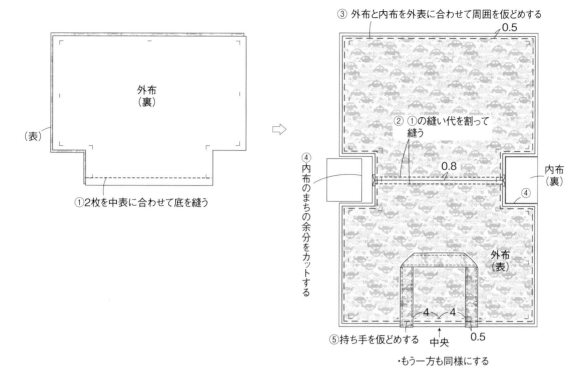

①2枚を中表に合わせて底を縫う

③外布と内布を外表に合わせて周囲を仮どめする

0.5

②①の縫い代を割って縫う

0.8

④内布のまちの余分をカットする

内布
(裏)

④

外布
(表)

4　4

中央

0.5

⑤持ち手を仮どめする

・もう一方も同様にする

外布
(裏)

(表)

内布
(裏)

4　ファスナーをつける

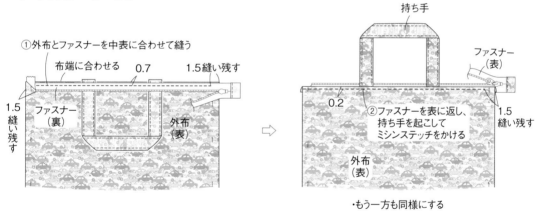

①外布とファスナーを中表に合わせて縫う

布端に合わせる

0.7

1.5縫い残す

1.5縫い残す

ファスナー
(裏)

外布
(表)

持ち手

ファスナー
(表)

0.2

②ファスナーを表に返し、持ち手を起こしてミシンステッチをかける

1.5縫い残す

外布
(表)

・もう一方も同様にする

5　両わきを縫い、まちを縫って仕上げる

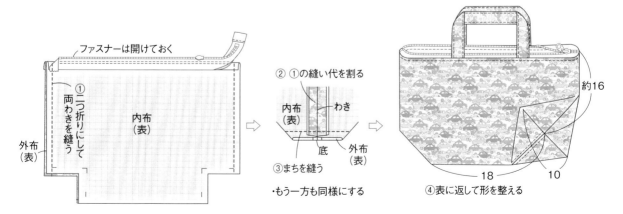

ファスナーは開けておく

①二つ折りにして両わきを縫う

内布
(表)

外布
(表)

②①の縫い代を割る

内布
(表)

わき

底

外布
(表)

③まちを縫う

・もう一方も同様にする

約16

18

10

④表に返して形を整える

保冷バッグ・巾着　写真33ページ

●**材料**

ナイロンタフタ（グレーに白のシロクマ柄）──90cm×50cm

保温保冷シート──30cm×45cm

直径0.5cmの丸ひも（赤）──1.6m

60番ミシン糸（グレー）

●**サイズ**　図参照

裁ち合わせ図

・単位はcm　・[　]内は縫い代、指定以外は1cm

ナイロンタフタ（グレーに白のシロクマ柄）
※外布は柄合わせをして裁つ

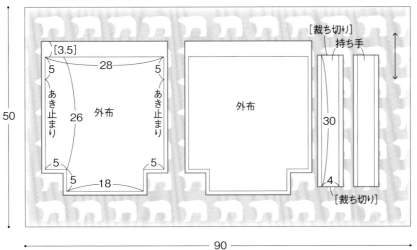

[3.5]
5　28　5
あき止まり　26　外布　あき止まり
5　5
5　18

[裁ち切り]
持ち手
外布
30
4
[裁ち切り]

50

90

保温保冷シート

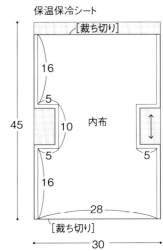

[裁ち切り]
16
5
10　内布
5　5
16
28
[裁ち切り]

45

30

1　持ち手を作る

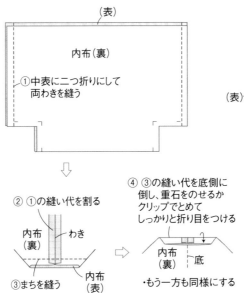

（裏）
①縫い代を折る
②外表に二つ折りにして縫う
（表）
0.2
・2本作る

2　内袋を作る

（表）
内布（裏）
①中表に二つ折りにして両わきを縫う

②①の縫い代を割る
内布（裏）　わき
③まちを縫う　内布（表）

④③の縫い代を底側に倒し、重石をのせるかクリップでとめてしっかりと折り目をつける
内布（裏）　底
・もう一方も同様にする

3　外袋を作る

（表）
外布（裏）
①2枚を中表に合わせて底を縫う

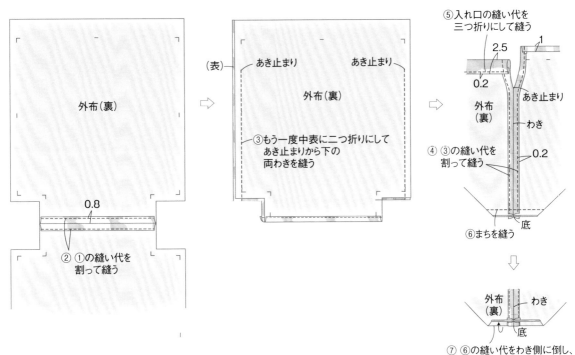

⑤入れ口の縫い代を
三つ折りにして縫う

2.5
1

0.2

外布（裏）

あき止まり

わき

④ ③の縫い代を
割って縫う

0.2

底

⑥まちを縫う

（表）

あき止まり　　　あき止まり

外布（裏）

③もう一度中表に二つ折りにして
あき止まりから下の
両わきを縫う

0.8

② ①の縫い代を
割って縫う

外布（裏）

外布
（裏）

わき

底

⑦ ⑥の縫い代をわき側に倒し、
2④と同様に折り目をつける

4　外袋と内袋を縫い合わせて仕上げる

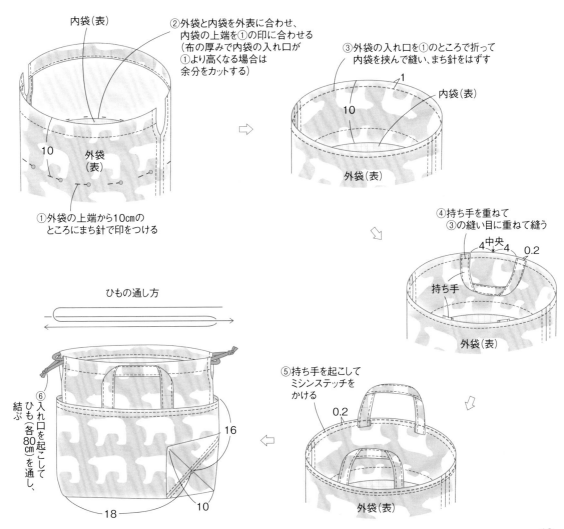

内袋（表）

②外袋と内袋を外表に合わせ、
内袋の上端を①の印に合わせる
（布の厚みで内袋の入れ口が
①より高くなる場合は
余分をカットする）

外袋
（表）

10

①外袋の上端から10cmの
ところにまち針で印をつける

③外袋の入れ口を①のところで折って
内袋を挟んで縫い、まち針をはずす

1

内袋（表）

10

外袋（表）

④持ち手を重ねて
③の縫い目に重ねて縫う

4　中央　4　　0.2

持ち手

外袋（表）

⑤持ち手を起こして
ミシンステッチを
かける

0.2

外袋（表）

ひもの通し方

⑥入れ口を起こして
ひも（各80cm）を通し、
結ぶ

16

18

10

エプロンと三角巾 写真34ページ

●材料
厚手コットン（シルバーグレーの無地）── 65cm角
オックス（ブルーと白のストライプ）── 105cm×60cm
幅1.5cmのゴムベルト（黒）── 24cm
幅2.5cmの面ファスナー（白）── 5cm
30番ミシン糸（オフホワイト）

●サイズ　エプロン　身長110cmサイズ（図参照）
三角巾、巾着袋　図参照

製図と裁ち合わせ図
・単位はcm　・[ ]内は縫い代、指定以外は裁ち切り
・本体のカーブは型紙（95ページ）を利用する

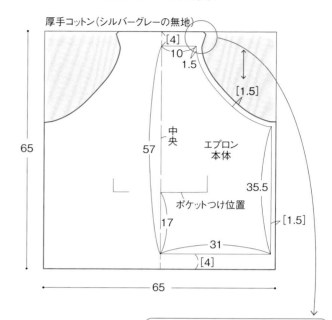

厚手コットン（シルバーグレーの無地）

[4]
10
1.5
[1.5]
中央
エプロン本体
65
57
35.5
ポケットつけ位置
17
[1.5]
31
[4]
65

エプロン本体の型紙の作り方
・型紙用紙に製図をし、指定の縫い代を
つけた型紙を作る
・左右対称の型紙を作る（73ページ参照）
・丸囲み部分の縫い代は、三つ折りにした
状態で用紙をカットする（下図参照）

4　多めにカットする
約3
三つ折りにする
3
1
折り目を開く
カットする
1.5

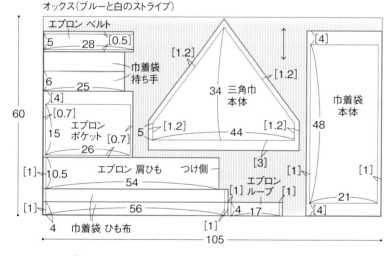

オックス（ブルーと白のストライプ）

エプロン　ベルト
5　28　[0.5]
巾着袋持ち手
6　25
[4]
[0.7]
エプロン　ポケット　[0.7]
15
26
[1]　10.5　エプロン　肩ひも　つけ側
54
[1]　56
4　巾着袋　ひも布
105
60

[1.2]
34　三角巾本体
[1.2]
[1.2]　44　[1.2]
5
[3]
エプロン　ループ
[1]　4　17　[1]

[4]
巾着袋本体
48
[1]
21
[4]

エプロン

1　肩ひもを作る

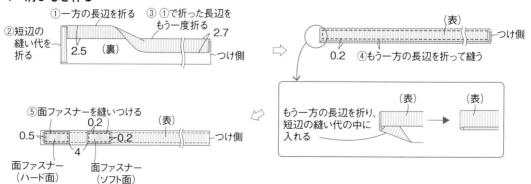

②短辺の縫い代を折る
①一方の長辺を折る
③①で折った長辺をもう一度折る
2.7
2.5（裏）　つけ側

0.2　④もう一方の長辺を折って縫う　つけ側

もう一方の長辺を折り、短辺の縫い代の中に入れる
（表）　→　（表）

⑤面ファスナーを縫いつける
0.2
0.5　0.2　（表）　つけ側
4
面ファスナー（ハード面）　面ファスナー（ソフト面）

2　ループを作る

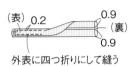

（表）0.2
0.9
（裏）
0.9

外表に四つ折りにして縫う

3　ベルトを作る

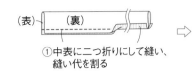

（表）（裏）

①中表に二つ折りにして縫い、縫い代を割る

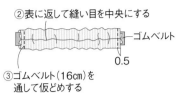

②表に返して縫い目を中央にする

ゴムベルト

0.5

③ゴムベルト（16cm）を通して仮どめする

4　ポケットを作る

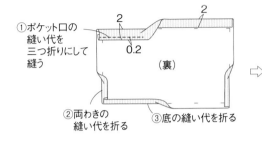

①ポケット口の縫い代を三つ折りにして縫う

2　2
0.2
（裏）

②両わきの縫い代を折る
③底の縫い代を折る

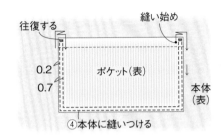

往復する　縫い始め

0.2
0.7
ポケット（表）
本体（表）

④本体に縫いつける

5　本体を作り、仕上げる

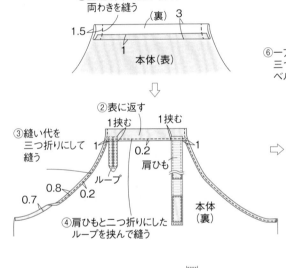

①上辺を図のように折り、両わきを縫う

（裏）3
1.5
1
本体（表）

②表に返す
1挟む　1挟む

③縫い代を三つ折りにして縫う
1
0.2　肩ひも　1
ループ
0.8　0.2
0.7
④肩ひもと二つ折りにしたループを挟んで縫う
本体（裏）

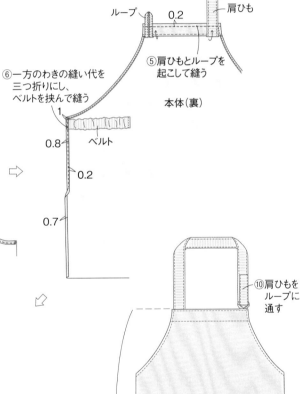

ループ　0.2　肩ひも

⑤肩ひもとループを起こして縫う

本体（裏）

⑥一方のわきの縫い代を三つ折りにし、ベルトを挟んで縫う

1
0.8
ベルト
0.2
0.7

本体（裏）

⑦ベルトを起こして縫う
0.2
ベルト
⑧⑥⑦と同様に作る

⑩肩ひもをループに通す

57
62

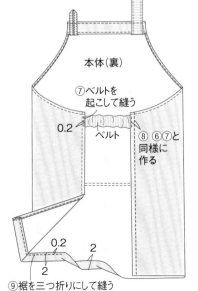

0.2
2
2

⑨裾を三つ折りにして縫う

三角巾

1 本体を作る

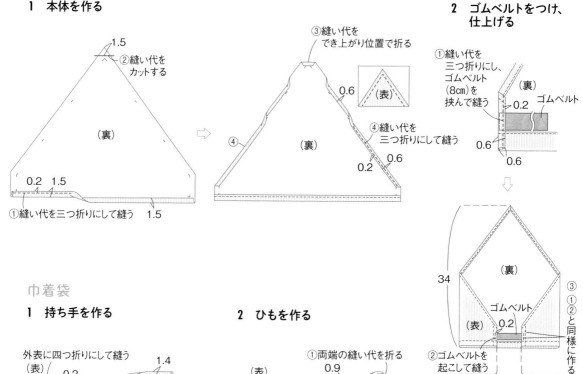

1.5
②縫い代を
カットする

（裏）

0.2 1.5
①縫い代を三つ折りにして縫う　1.5

③縫い代を
でき上がり位置で折る

④

（裏）

0.6

④縫い代を
三つ折りにして縫う

0.2　0.6

（表）

2 ゴムベルトをつけ、仕上げる

①縫い代を
三つ折りにし、
ゴムベルト
（8cm）を
挟んで縫う

（裏）

0.2　ゴムベルト

0.6

0.6

34

（裏）

（表）

ゴムベルト

0.2

②ゴムベルトを
起こして縫う

44

③
①②と
同様に
作る

巾着袋

1 持ち手を作る

外表に四つ折りにして縫う
（表）

0.2　1.4

0.2

（裏）

1.4

・2本作る

2 ひもを作る

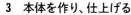

①両端の縫い代を折る

（表）

0.9

0.2

0.9

（裏）

1

②外表に四つ折りにして縫う
・2本作る

3 本体を作り、仕上げる

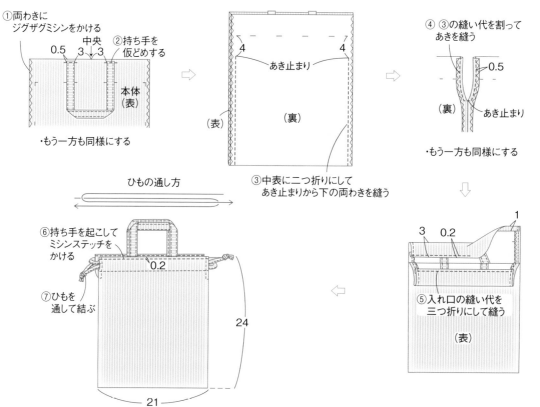

①両わきに
ジグザグミシンをかける

0.5　3　3
中央

②持ち手を
仮どめする

本体
（表）

・もう一方も同様にする

4

あき止まり

4

（表）

（裏）

③中表に二つ折りにして
あき止まりから下の両わきを縫う

④ ③の縫い代を割って
あきを縫う

0.5

（裏）

あき止まり

・もう一方も同様にする

3　0.2

1

⑤入れ口の縫い代を
三つ折りにして縫う

（表）

ひもの通し方

⑥持ち手を起こして
ミシンステッチを
かける

0.2

⑦ひもを
通して結ぶ

24

21

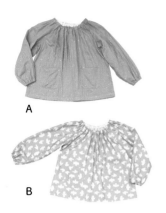

A

B

スモック 写真36ページ

● 材料（2点共通、1点分）

コットン（Aブルーの星柄プリント）── 108cm幅×1.1m

（Bマスタードの鳥柄プリント）── 106cm幅×1.1m

幅1cmのゴムテープ（白・12コール）── 46cm

幅0.6cmのゴムテープ（白・8コール）── 32cm

幅2cmのバイアステープ（両折り・オフホワイト）── 1.1m

60番ミシン糸（布地に合った色）

● サイズ　身長110cmサイズ（胸囲96cm、着丈45cm、ゆき約55cm）

製図

・単位はcm　・丸数字は線を引く順番

・身頃の⑤⑨⑪、ポケットの⑬、袖の⑩のカーブは型紙（94ページ）を利用する

・袖の★は後ろ身頃の袖つけ線（★）、♥は前身頃の袖つけ線（♥）と同じ線を引く

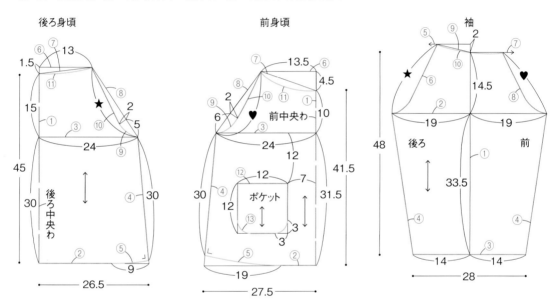

後ろ身頃　　　　　　　　　前身頃　　　　　　　　　　　　　　袖

型紙の作り方

・型紙用紙に製図をし、74ページの裁ち合わせ図を参照して、指定の縫い代をつけた型紙を作る

・身頃の製図は半身なので、下図のように左右対称の型紙を作る

・右袖と左袖は左右対称になるので注意

・裾と袖口の縫い代は右図のようにする

裾と袖口の縫い代のつけ方

裁ち合わせ図

- 単位はcm　・[ ]内は縫い代、指定以外は1cm

コットン（A ブルーの星柄プリント、B マスタードの鳥柄プリント）

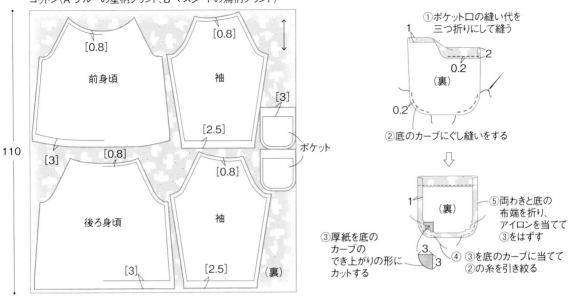

110

前身頃　[0.8]

袖　[0.8]

[3]

ポケット

[3]　[0.8]　[2.5]

後ろ身頃　[0.8]　袖　[0.8]

[3]　[2.5]　（裏）

A108　B106

1　ポケットを作る

①ポケット口の縫い代を三つ折りにして縫う

1

2

0.2

0.2

（裏）

②底のカーブにぐし縫いをする

1

（裏）

⑤両わきと底の布端を折り、アイロンを当てて③をはずす

3

3

③厚紙を底のカーブのでき上がりの形にカットする

④③を底のカーブに当てて②の糸を引き絞る

0.5

ポケット（表）

ポケット（表）

0.2

⑥前身頃に縫いつける

2　身頃と袖を縫い合わせる

①前身頃と袖を中表に合わせて縫う

1

②縫い代を2枚一緒にジグザグミシンをかける

左袖（裏）

前身頃（表）

④①～③と同様に各パーツを縫い合わせる

左袖（表）　右袖（表）

後ろ身頃（表）

左袖（裏）　右袖（裏）

③縫い代を身頃側に倒してアイロンで押さえる

前身頃（裏）

1

⑤前後を中表に合わせてわきと袖下を縫う

⑥縫い代を2枚一緒にジグザグミシンをかける

3　裾を縫う

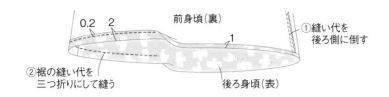

0.2　2
前身頃（裏）
①縫い代を
　後ろ側に倒す
②裾の縫い代を
　三つ折りにして縫う
1
後ろ身頃（表）

4　衿ぐりを始末する

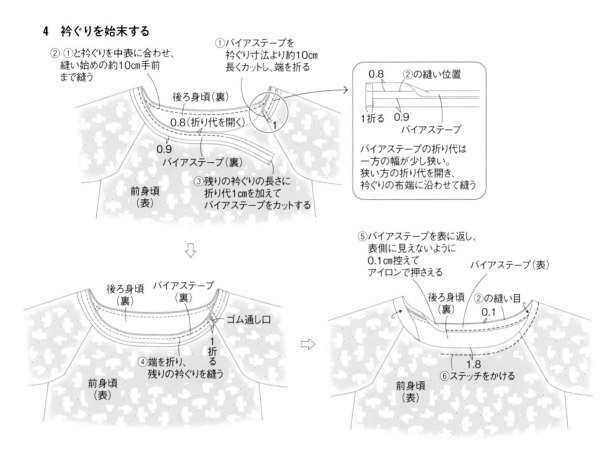

②　①と衿ぐりを中表に合わせ、
　　縫い始めの約10cm手前
　　まで縫う

①バイアステープを
　衿ぐり寸法より約10cm
　長くカットし、端を折る

後ろ身頃（裏）
0.8（折り代を開く）
0.9
バイアステープ（裏）
1
前身頃
（表）
③残りの衿ぐりの長さに
　折り代1cmを加えて
　バイアステープをカットする

0.8　②の縫い位置
1折る　0.9
バイアステープ
バイアステープの折り代は
一方の幅が少し狭い。
狭い方の折り代を開き、
衿ぐりの布端に沿わせて縫う

⑤バイアステープを表に返し、
　表側に見えないように
　0.1cm控えて
　アイロンで押さえる
バイアステープ（表）

後ろ身頃（裏）
バイアステープ（裏）
ゴム通し口
1折る
④端を折り、
　残りの衿ぐりを縫う
前身頃
（表）

後ろ身頃
（裏）
②の縫い目
0.1
1.8
⑥ステッチをかける
前身頃
（表）

5　袖口を始末し、ゴムテープを通す

②衿ぐりにゴムテープ
　（12コール）を
　通して縫う

バイアステープ（表）
ゴムテープ
1重ねて縫う

後ろ身頃
（裏）
右袖（表）
左袖（表）
前身頃
（表）

1
1.5　1.3
ゴム通し口1
2
①袖口の縫い代を
　三つ折りにし、
　ゴム通し口を残して縫う

③袖ぐりにゴムテープ
　（8コール、各16cm）を
　通して②と同様に縫う

75

A B

C D

移動ポケット　写真39ページ

● 材料（1点分）

A・B　コットン（Aオレンジ柄プリント、Bブルー系チェック）――70cm×20cm
　　　　直径1cmのワンタッチプラスナップ（白）――1組

C・D　コットン（C紺の乗り物柄、Dオフホワイトの花柄）――20cm×85cm
　　　　コットン（C黄色の無地、D水色の無地）――10cm×20cm
　　　　幅2.5cmの面ファスナー〈熱接着タイプ〉（C紺、D白）――1cm

A～D共通　移動ポケット用クリップ（白）――2個
　　　　　60番ミシン糸（布地に合った色）

● サイズ　図参照

A・B
裁ち合わせ図
・単位はcm　・[　]内は縫い代、指定以外は1cm

コットン（A オレンジ柄プリント、B ブルー系チェック）
※柄に向きのない生地を選ぶ

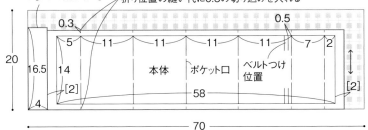

ベルト［まわり裁ち切り］　折り位置の縫い代に0.3の切り込みを入れる

0.3　　　　　　　　　　　　　　　　0.5

5　　11　　11　　11　　11　　7　2

20　　16.5　14　　本体　ポケット口　ベルトつけ位置

[2]　　58　　[2]

4

70

1　ベルトを作る

外表に四つ折りにして縫う

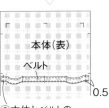

0.9
0.2（表）
0.9
（裏）

2　ベルトを本体につける

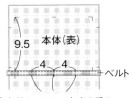

9.5　本体（表）

4　4

ベルト

①本体とベルトの中央を重ね、中央と左右の計3か所縫う

本体（表）

ベルト

0.5

②本体とベルトの端を合わせて仮どめする。

3　本体を作る

①中表に二つ折りにし、返し口を残して縫う

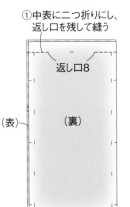

②①の縫い目をずらす

返し口8

（表）　（裏）

②①の縫い目をずらす

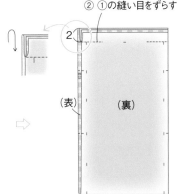

2

（表）　（裏）

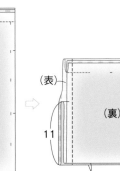

（表）

（裏）

11

③切り込み位置で図のように内側に折り込む

④両わきを縫う

4　仕上げる

①表に返してミシンステッチをかける

②目打ちで穴を開け、プラスナップ（凸）をつける（84ページ参照）

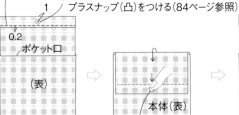

1
0.2
ポケット口
（表）

③ふたを折り、プラスナップを上から押す

本体（表）

④③の跡に②と同様にプラスナップ（凹）をつける

本体（表）

⑤クリップをベルトにつける

本体（表）

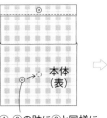

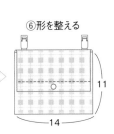

⑥形を整える

11

14

C・D
裁ち合わせ図

・単位はcm　・[　]内は縫い代、指定以外は1cm

コットン(C 紺の乗り物柄、D オフホワイトの花柄)
※柄に向きのない生地を選ぶ

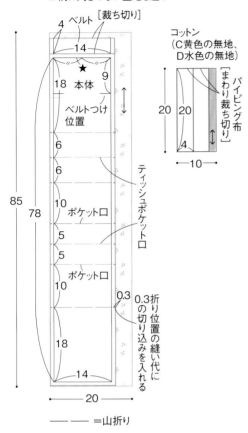

コットン
(C黄色の無地、
D水色の無地)

パイピング布
[まわり裁ち切り]

20　20

4

├─10─┤

—— —— =山折り

— — — — =谷折り

4　仕上げる

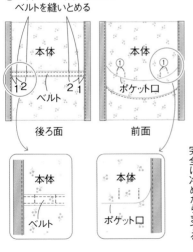

1　ベルトを作る

外表に四つ折りにして縫う

0.2　(表)　0.9

0.9　(裏)

2　本体を作る

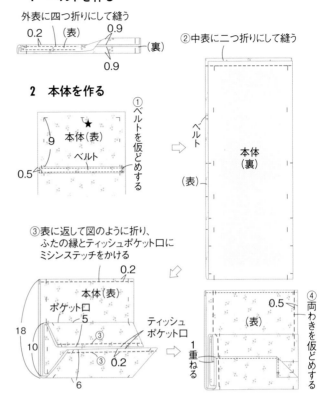

3　両わきにパイピングをする

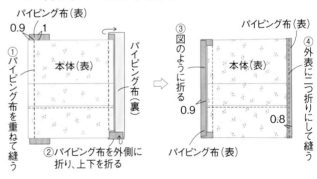

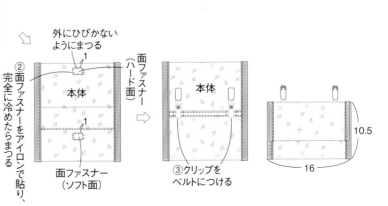

雨の日の絵本バッグ 写真40ページ

●材料
ラミネート地（ブルーの雲柄プリント）― 80cm×70cm
ラミネート地（グレーの星柄プリント）― 50cm×70cm
直径1.3cmのワンタッチプラスナップ（白）―1組
60番ミシン糸（白）
●サイズ　図参照

裁ち合わせ図
・単位はcm　・[ ]内は縫い代、指定以外は1cm

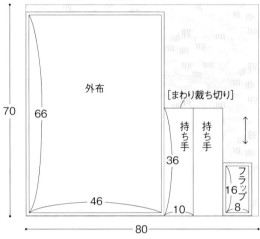

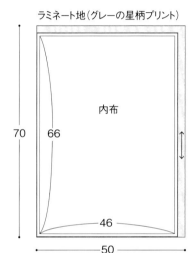

1　持ち手を作る

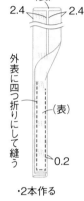

2　フラップを作る　　　　3　外袋を作る

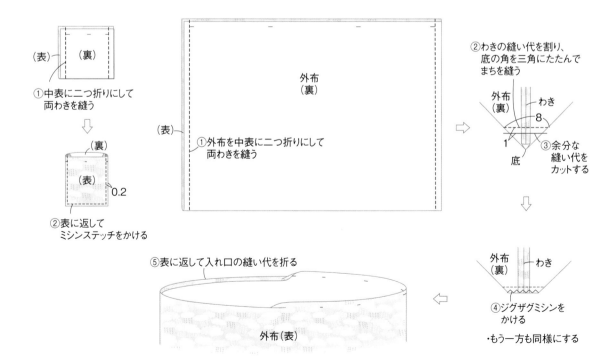

4 内袋を作る

内布で3①～④と同様に作り、入れ口の縫い代を折る

(表)

内布(裏)

5 仕上げる

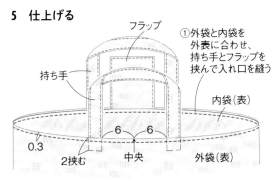

フラップ

①外袋と内袋を
外表に合わせ、
持ち手とフラップを
挟んで入れ口を縫う

持ち手

内袋(表)

0.3
2挟む　中央　外袋(表)
6　6

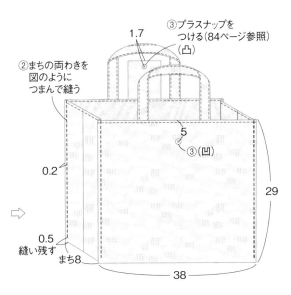

1.7

③プラスナップを
つける(84ページ参照)
(凸)

②まちの両わきを
図のように
つまんで縫う

5

③(凹)

0.2

29

0.5
縫い残す
まち8

38

リュック　写真41ページ

●材料

オックス(白にライトグレーのチェック柄プリント)
　— 85cm×35cm
コットン(ミントグリーンの無地)　85cm×80cm
幅2.5cmのテープ(オフホワイト)　1.6m
直径0.5cmの丸ひも(白)　1.7m
幅2.5cmの面ファスナー(水色)　2cm
内幅2.5cmのコキカン、角カン(青)　各2個
好みのタグ　1枚
60番ミシン糸(ミントグリーン)
裁縫用接着剤
●サイズ　図参照

裁ち合わせ図

・単位はcm　・[　]内は縫い代、指定以外は1cm
・フラップのカーブは型紙(95ページ)を利用する

オックス(白にライトグレーのチェック柄プリント)

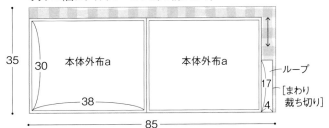

35

30
本体外布a
38

本体外布a

ループ
17
[まわり
裁ち切り]
4

85

コットン(ミントグリーンの無地)

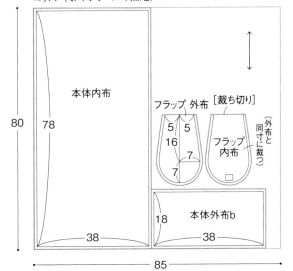

80

78

本体内布

フラップ　外布
5　5
16
7

[裁ち切り]
フラップ
内布
(外布と
同寸に裁つ)
□

7

18　本体外布b

38　38

85

1　ループを作る

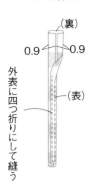

0.9　0.9

外表に四つ折りにして縫う

(裏)
(表)

2　フラップを作る

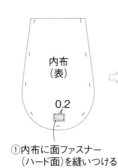

内布
(表)

0.2

①内布に面ファスナー
（ハード面）を縫いつける

②外布と内布を中表に合わせ、
つけ側を残して縫う

内布
(表)

外布
(裏)

③カーブの縫い代に
切り込みを入れる

外布
(裏)

内布
(表)

0.2

④表に返してミシンステッチをかける

3　タブを作る

テープ（6cm）に角カンを
通し、二つ折りにして
仮どめする
・2個作る

4　本体外布を作る

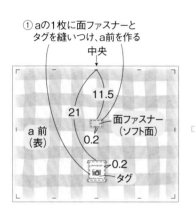

①aの1枚に面ファスナーと
タグを縫いつけ、a前を作る

中央

11.5

21

0.2

面ファスナー
（ソフト面）

a 前
(表)

タグ

0.2

②もう1枚のaにタブを2個仮どめして
a後ろを作る

③ ②とbを中表に合わせて縫う

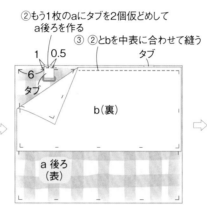

1　0.5

6

タブ

タブ

b(裏)

a 後ろ
(表)

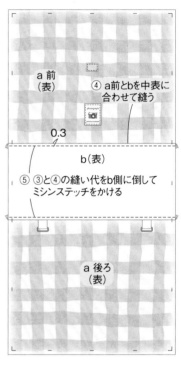

a 前
(表)

④ a前とbを中表に
合わせて縫う

0.3

b(表)

⑤ ③と④の縫い代をb側に倒して
ミシンステッチをかける

a 後ろ
(表)

5　本体外布と内布を縫い合わせる

①外布と内布を中表に合わせて
入れ口を縫う

本体内布
(裏)

本体外布
(表)

①

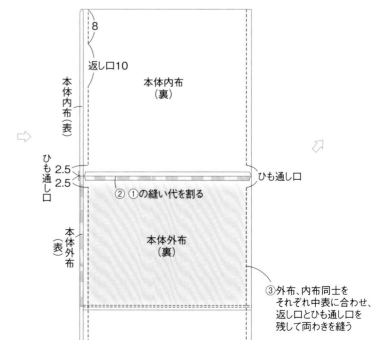

8

返し口10

本体内布
(裏)

本体内布
(表)

ひも通し口

2.5
2.5

ひも通し口

② ①の縫い代を割る

ひも通し口

本体外布
(表)

本体外布
(裏)

③外布、内布同士を
それぞれ中表に合わせ、
返し口とひも通し口を
残して両わきを縫う

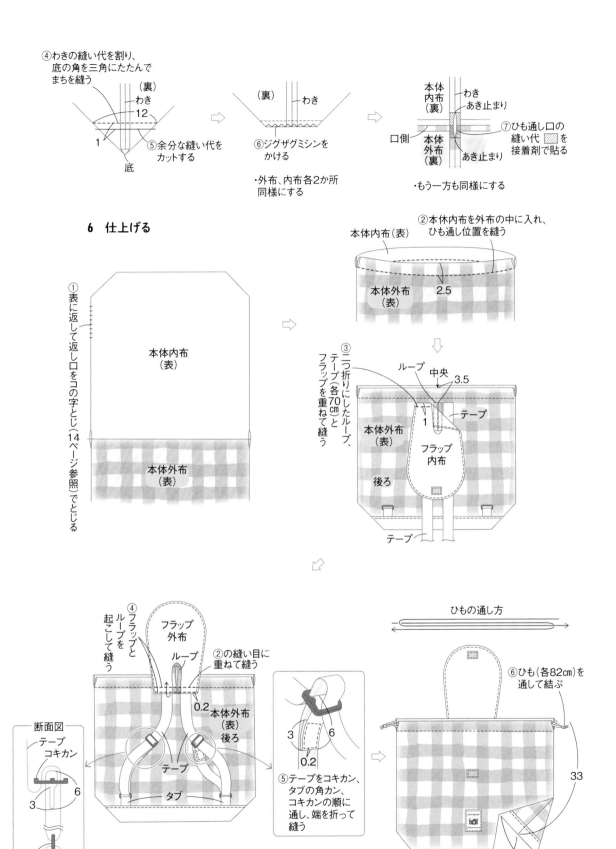

④わきの縫い代を割り、
底の角を三角にたたんで
まちを縫う

(裏)
わき
12
1
底

⑤余分な縫い代を
カットする

(裏)
わき

⑥ジグザグミシンを
かける

・外布、内布各2か所
同様にする

本体
内布
(裏)
わき
あき止まり
口側
本体
外布
(裏)
あき止まり

⑦ひも通し口の
縫い代を
接着剤で貼る

・もう一方も同様にする

6 仕上げる

①表に返して返し口をコの字とじ(14ページ参照)でとじる

本体内布
(表)

本体外布
(表)

本体内布(表)

②本休内布を外布の中に入れ、
ひも通し位置を縫う

本体外布
(表)
2.5

③二つ折りにしたループ、
テープ(各70cm)と
フラップを重ねて縫う

ループ
中央
3.5
1
テープ
本体外布
(表)
後ろ
フラップ
内布
テープ

④フラップと
ループを
起こして縫う

フラップ
外布
ループ

②の縫い目に
重ねて縫う

0.2
本体外布
(表)
後ろ

テープ

タブ

断面図
テープ
コキカン
6
3
タブの角カン

⑤テープをコキカン、
タブの角カン、
コキカンの順に
通し、端を折って
縫う

3
6
0.2

ひもの通し方

⑥ひも(各82cm)を
通して結ぶ

33
26
12

スイミングセット　写真42ページ

●材料

ラミネート地（グレーの白鳥柄プリント）— 100cm×35cm
コットン（グレーと白のストライプ）— 65cm×25cm
フェイスタオル（くすみピンク）1枚 — 33cm×80cm
バスタオル（くすみピンク）1枚 — 60cm×120cm
幅2.5cmのナイロンテープ（白）— 96cm
幅2.5cmのゴムテープ（白）— 46cm
幅2cmのゴムテープ（白）— 42cm
直径1.3cmのワンタッチプラスナップ（白）— 5組
60番ミシン糸（布地に合った色）

●サイズ　図参照

裁ち合わせ図

・単位はcm　・[ ]内は縫い代、指定以外は1cm

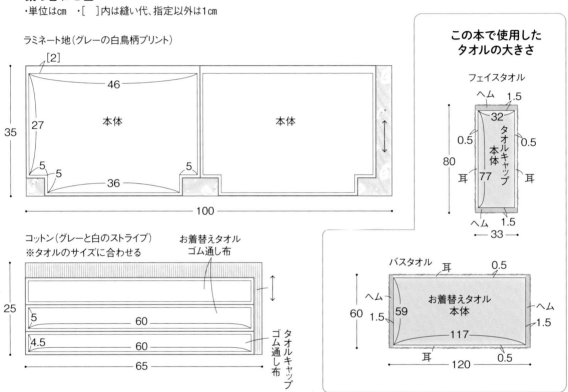

ラミネート地（グレーの白鳥柄プリント）

[2]
本体
46
27
35
5
5
36
5
本体
100

コットン（グレーと白のストライプ）
※タオルのサイズに合わせる
お着替えタオル
ゴム通し布
25
5
60
4.5
60
65
タオルキャップ
ゴム通し布

この本で使用したタオルの大きさ

フェイスタオル
ヘム　1.5
32
0.5　0.5
80
タオルキャップ本体
耳　77　耳
ヘム　1.5
33

バスタオル
耳　0.5
ヘム
60　1.5　59
お着替えタオル本体
ヘム
1.5
117
耳　0.5
120

スイミングバッグ

1　本体を縫う

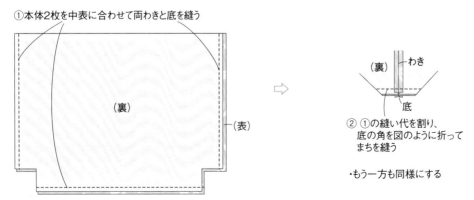

①本体2枚を中表に合わせて両わきと底を縫う

（裏）

（表）

（裏）
わき
底

② ①の縫い代を割り、底の角を図のように折ってまちを縫う

・もう一方も同様にする

2 仕上げる

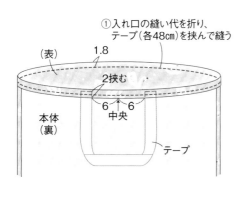

①入れ口の縫い代を折り、テープ(各48cm)を挟んで縫う

1.8

(表)

2挟む

6 ← 6
中央

本体
(裏)

テープ

②テープを起こして入れ口にミシンステッチをかける

0.2

27

36

10

タオルキャップ

1 ゴム通し布を作る

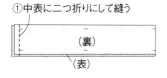

①中表に二つ折りにして縫う

(裏)

(表)

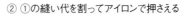

② ①の縫い代を割ってアイロンで押さえる

(裏)

③下の縫い代を折ってアイロンで押さえる

2 本体を作る

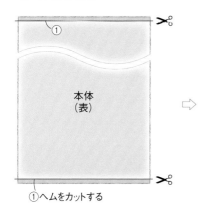

①

本体
(表)

①ヘムをカットする

②二つ折りにして両わきを縫い、入れ口側の縫い代を割る

(裏)

1.5

(表)

4 仕上げる

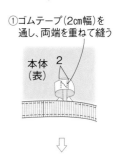

①ゴムテープ(2cm幅)を通し、両端を重ねて縫う

本体
(表)

2

3 本体にゴム通し布をつける

本体
(裏)

0.8

本体(表)

ゴム通し布(裏)

①本体にゴム通し布を重ね、タオルの厚みを考慮してでき上がり位置の0.2外側を縫う

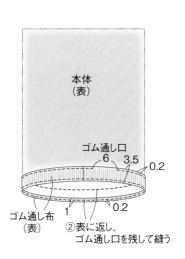

本体
(表)

ゴム通し口

6   3.5

0.2

ゴム通し布
(表)

1   0.2

②表に返し、ゴム通し口を残して縫う

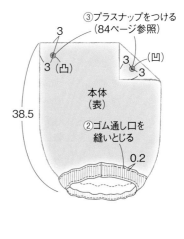

③プラスナップをつける
(84ページ参照)

3

3 (凸)

3   (凹)
3

本体
(表)

38.5

②ゴム通し口を縫いとじる

0.2

1 ゴム通し布を作る

①2枚を中表に合わせて縫う

(裏) (表)

② ①の縫い代を割ってアイロンで押さえる

(裏) ③

③両端の縫い代を折って
アイロンで押さえる

④下の長辺の縫い代を
折ってアイロンで押さえる

2 ゴム通し布を本体に縫いつける

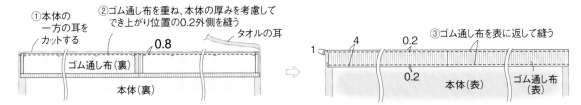

①本体の
一方の耳を
カットする

②ゴム通し布を重ね、本体の厚みを考慮して
でき上がり位置の0.2外側を縫う

タオルの耳

0.8

ゴム通し布(裏)

本体(裏)

③ゴム通し布を表に返して縫う

1 4 0.2

0.2

本体(表)

ゴム通し布
(表)

3 ゴムテープを通す

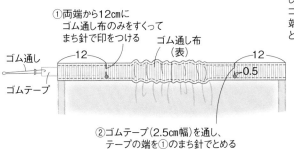

①両端から12cmに
ゴム通し布のみをすくって
まち針で印をつける

ゴム通し布
(表)

ゴム通し

ゴムテープ

12

12

0.5

②ゴムテープ(2.5cm幅)を通し、
テープの端を①のまち針でとめる

③ゴムテープが抜けないように
しっかりと手で押さえて
ゴム通しを外し、ゴムテープの
端を移動させてまち針で
とめる

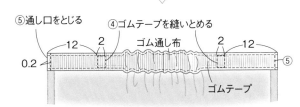

12

ゴム通し布
(表)

12

0.5

ゴムテープ

⑤通し口をとじる

④ゴムテープを縫いとめる

12 2

ゴム通し布

2 12

0.2

ゴムテープ

⑤

4 プラスナップをつけ、仕上げる

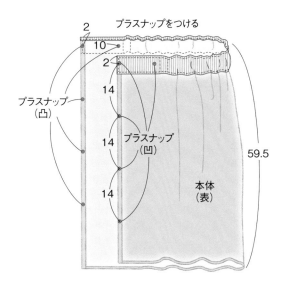

2

プラスナップをつける

10

2

14

プラスナップ
(凸)

14

プラスナップ
(凹)

14

本体
(表)

59.5

ワンタッチプラスナップのつけ方

①布地にヘッド、ホソの突起が通るくらいの
　大きさの穴を目打ちなどで開ける
②ヘッド、ホソの突起を通して布地の反対側に
　出ることを確認する
③バネ、ゲンコを当てて指でパチンと音がするまで押す
　(ドットボタンの場合は専用の器具でかしめる)

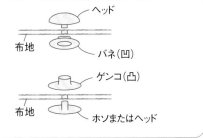

ヘッド

布地

バネ(凹)

ゲンコ(凸)

布地

ホソまたはヘッド

バレエセット　写真45ページ

●材料

オックス（くすみピンクに白のダマスク柄プリント）―― 90cm×70cm

オックス（くすみピンクの無地）―― 90cm×70cm

メッシュ地（白・洗濯ネットを使用）―― 50cm×25cmを2枚

フェルト（うすピンク）―― 10cm角、（ピンク）―― 5cm角

幅2.5cmのグログランリボン（くすみピンク）―― 1m

幅1.3cmのレース（白）―― 47cm

幅0.8cmのバイアステープ（ふちどり・くすみピンク）―― 47cm

直径1.5cmのドットボタン（白）―― 1組

25番刺しゅう糸（うすピンク、ピンク）

60番ミシン糸（布地に合った色）

●サイズ　図参照

裁ち合わせ図

・単位はcm　・[　]内は縫い代、指定以外は1cm

・バッグのフラップのカーブは型紙（86ページ）を利用する

オックス（くすみピンクに白のダマスク柄プリント）

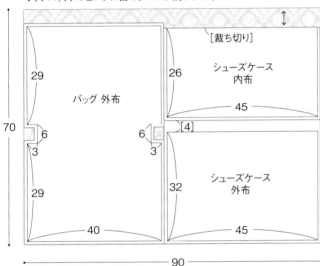

オックス（くすみピンクの無地）

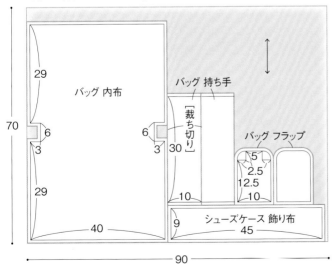

メッシュ地（白）※同寸で2枚裁ち、2重にする

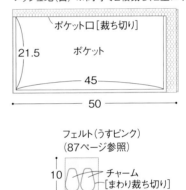

フェルト（うすピンク）
（87ページ参照）

バレエバッグ

1　持ち手を作る

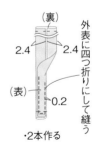

・2本作る

2　フラップを作る

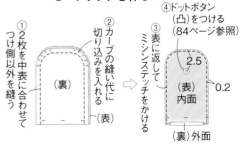

85

3　外布を作る

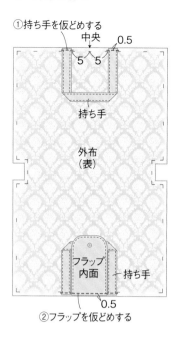

①持ち手を仮どめする
中央
0.5
5　5
持ち手
外布（表）
フラップ内面
持ち手
0.5
②フラップを仮どめする

4　外布と内布を縫い合わせる

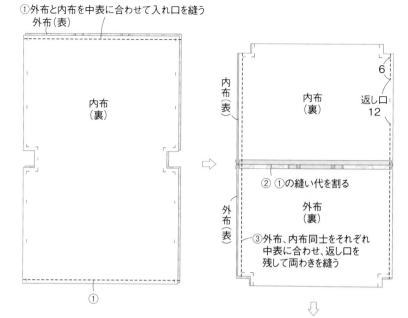

①外布と内布を中表に合わせて入れ口を縫う
外布（表）
内布（裏）
①

内布（表）
外布（表）
内布（裏）
6
返し口
12
②①の縫い代を割る
外布（裏）
③外布、内布同士をそれぞれ中表に合わせ、返し口を残して両わきを縫う

（裏）　わき
底
④わきの縫い代を割り、底の角を図のようにたたんでまちを縫う
・外布、内布各2か所同様にする

5　仕上げる

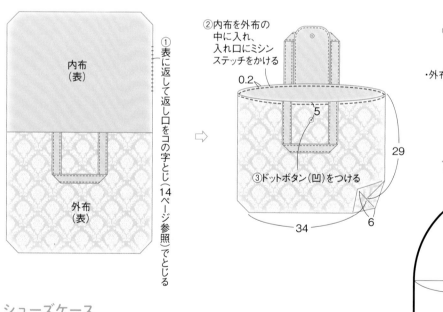

①表に返して返し口をコの字とじ（14ページ参照）でとじる

内布（表）
外布（表）

②内布を外布の中に入れ、入れ口にミシンステッチをかける
0.2
5
③ドットボタン（凹）をつける
34
29
6

実物大型紙
バレエバッグ
フラップのカーブ

2.5
2.5

シューズケース

1　87ページを参照してチャームにアップリケと刺しゅうをする

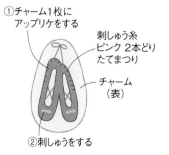

①チャーム1枚にアップリケをする
刺しゅう糸
ピンク　2本どり
たてまつり
チャーム（表）
②刺しゅうをする

2 外布を作る

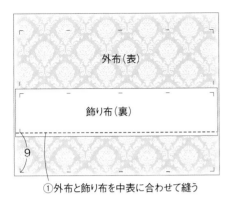

外布（表）

飾り布（裏）

9

①外布と飾り布を中表に合わせて縫う

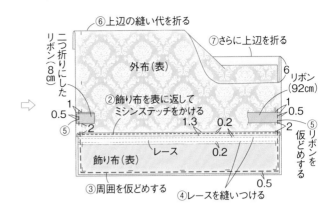

⑥上辺の縫い代を折る

⑦さらに上辺を折る

二つ折りにしたリボン（8㎝）

外布（表）

6 リボン（92㎝）

②飾り布を表に返してミシンステッチをかける

1
0.5
⑤
2

1.3　0.2

レース

飾り布（表）

1
0.5
2
⑤リボンを仮どめする

③周囲を仮どめする

④レースを縫いつける

0.2

0.2

0.5

3 内布を作る

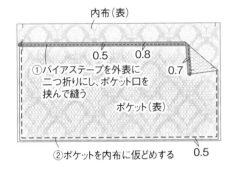

内布（表）

0.5　0.8

0.7

①バイアステープを外表に二つ折りにし、ポケット口を挟んで縫う

ポケット（表）

②ポケットを内布に仮どめする　0.5

4 外布と内布を縫い合わせ、仕上げる

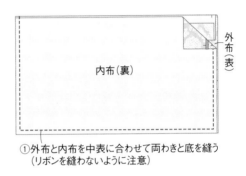

内布（裏）

外布（表）

①外布と内布を中表に合わせて両わきと底を縫う
（リボンを縫わないように注意）

⬇

②表に返して（外布の上側も表に返す）仕切りを縫う

外布

内布

ポケット

15　　　15

⬇

③周囲にミシンステッチをかける　0.2

26

チャーム（表）

4

チャーム（裏）

45

④チャーム2枚を外表に合わせ、リボンを挟んでブランケット・ステッチ（刺しゅう糸 うすピンク 2本どり）

実物大アップリケ・刺しゅう図案
シューズケースのチャーム

・刺しゅうは25番刺しゅう糸
・すべてフェルト・裁ち切り
・ステッチの刺し方は95ページ参照

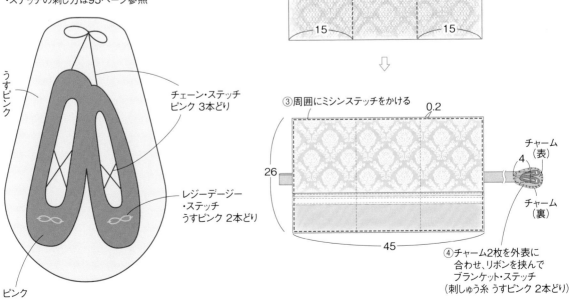

うすピンク

チェーン・ステッチ
ピンク 3本どり

レジーデージー・ステッチ
うすピンク 2本どり

ピンク

ピアノバッグ　写真44ページ

●材料

コットン（グレーに白の水玉）— 45cm×70cm

11号帆布（ブラックの無地）— 90cm×70cm

幅2.5cmのバッグ用テープ（黒）— 58cm

幅1.4cmのレース（白）— 90cm

25番刺しゅう糸（オフホワイト）

60番ミシン糸（布地に合った色）

●サイズ　図参照

実物大刺しゅう図案

・ステッチの刺し方は95ページ参照

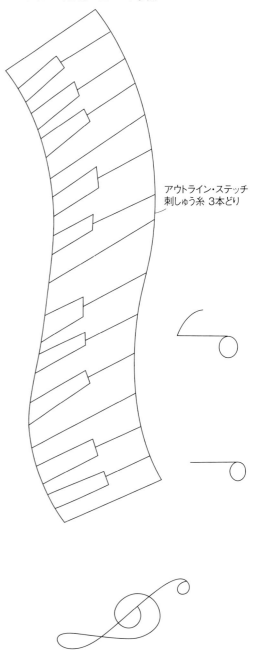

アウトライン・ステッチ
刺しゅう糸 3本どり

裁ち合わせ図

・単位はcm　・縫い代は1cm

コットン（グレーに白の水玉）

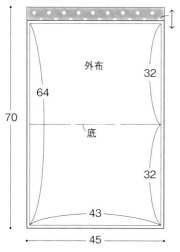

外布

32

64

70

底

32

43

45

11号帆布（ブラックの無地）

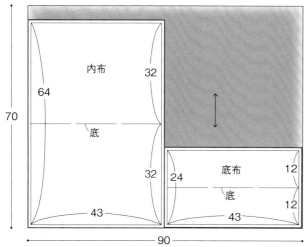

内布

32

64

70

底

32

43

底布

12

24

底

12

43

90

1　外布を作る

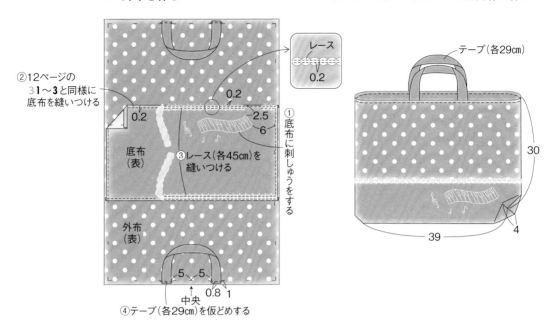

②12ページの
3 1〜3と同様に
底布を縫いつける

0.2

底布
（表）

③レース（各45cm）を
縫いつける

外布
（表）

レース
0.2

0.2
-2.5
6

①底布に刺しゅうをする

5　5
0.8　1
↑
中央
④テープ（各29cm）を仮どめする

2　13〜15ページの 4〜6 と同様に作る

テープ（各29cm）

30

39

4

大きめナップサック　写真46ページ

●**材料**

ナイロン地（ネイビーの無地）──110cm角
ナイロン地（カーキの無地）──80cm×30cm
幅2cmの内巻きテープ（黒）──32cm
30番ミシン糸（布地に合った色）

●**サイズ**　図参照

裁ち合わせ図

・単位はcm　・[ ]内は縫い代、指定以外は1cm

ナイロン地（ネイビーの無地）

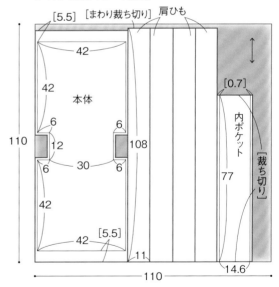

[5.5]　[まわり裁ち切り]　肩ひも

42

42

本体

6　6

12

108

6　6

30

42

42

[5.5]

11

110

110

[0.7]

内ポケット

77

[裁ち切り]

14.6

ナイロン地（カーキの無地）

持ち手　[まわり裁ち切り]

7 6　42　6　[裁ち切り]

12

底布

30

タブ

30

29

20

10

7 6　42

[裁ち切り]

80

1 肩ひもを作る

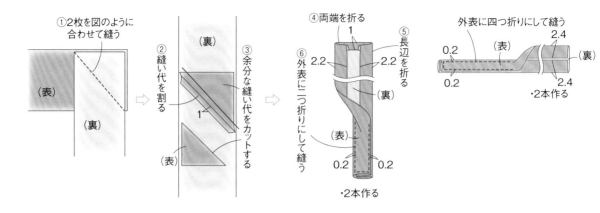

①2枚を図のように合わせて縫う
②縫い代を割る
③余分な縫い代をカットする
(表)
(裏)
(裏)
(表)
1
④両端を折る
⑤長辺を折る
⑥外表に二つ折りにして縫う
1
2.2
2.2
(裏)
(表)
0.2　0.2
・2本作る

2 持ち手を作る

外表に四つ折りにして縫う
0.2
(表)
2.4
0.2
(裏)
2.4
2.4
・2本作る

3 タブを作る

①短辺を折る
(裏)
4.9
4.9
②外表に二つ折りにして縫う
0.2
(表)
2
0.2
2
0.2
・2個作る

4 内ポケットを作る

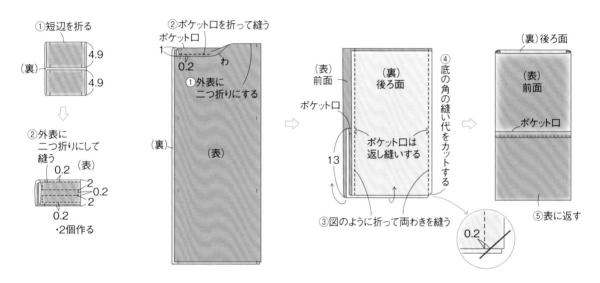

②ポケット口を折って縫う
ポケット口
1
0.2
わ
①外表に二つ折りにする
(裏)
(表)
(裏)
(表)前面
ポケット口
13
(裏)後ろ面
④底の角の縫い代をカットする
ポケット口は返し縫いする
③図のように折って両わきを縫う
0.2
(裏)後ろ面
(表)前面
ポケット口
⑤表に返す

5 本体に底布とタブをつける

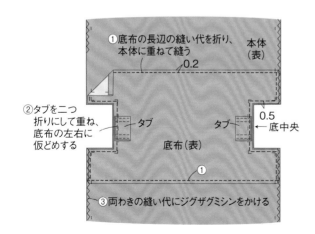

①底布の長辺の縫い代を折り、本体に重ねて縫う
0.2
本体(表)
②タブを二つ折りにして重ね、底布の左右に仮どめする
タブ
タブ
0.5
←底中央
底布(表)
①
③両わきの縫い代にジグザグミシンをかける

6 本体に持ち手と内ポケットをつける

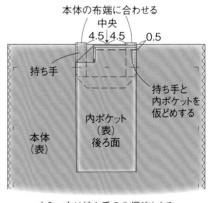

本体の布端に合わせる
中央
4.5　4.5
0.5
持ち手
持ち手と内ポケットを仮どめする
本体(表)
内ポケット(表)後ろ面
・もう一方は持ち手のみ仮どめする

7 両わきを縫う

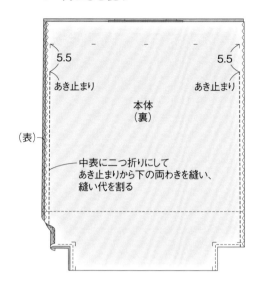

5.5   5.5

あき止まり   あき止まり

本体
（裏）

（表）

中表に二つ折りにして
あき止まりから下の両わきを縫い、
縫い代を割る

8 まちを縫う

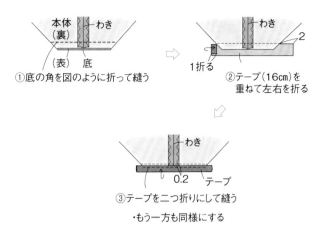

本体
（裏）   わき

（表）   底

①底の角を図のように折って縫う

1折る

わき

2

②テープ（16cm）を
重ねて左右を折る

わき

0.2   テープ

③テープを二つ折りにして縫う

・もう一方も同様にする

9 あきを縫う

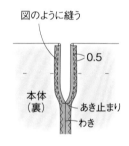

図のように縫う

0.5

本体
（裏）   あき止まり

わき

10 入れ口の始末をする

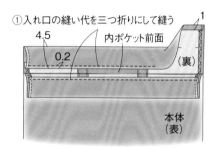

①入れ口の縫い代を三つ折りにして縫う

1

4.5   内ポケット前面

0.2

（裏）

本体
（表）

②持ち手を起こして入れ口を縫う

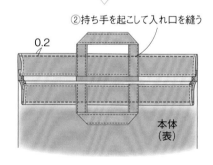

0.2

本体
（表）

11 肩ひもを通す

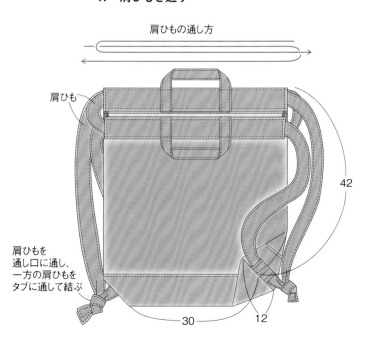

肩ひもの通し方

肩ひも

42

肩ひもを
通し口に通し、
一方の肩ひもを
タブに通して結ぶ

30   12

タブレットケース　写真47ページ

●材料

キャンバス（白にグレイッシュブルーのチェック柄プリント）— 60cm×70cm

厚手コットン（グリーンの無地）— 80cm×40cm

接着芯 — 50cm×15cm

接着キルト芯 — 30×70cm

幅2.5cmの面ファスナー（白）— 20cm

30番ミシン糸（布地に合った色）

●サイズ　図参照

裁ち合わせ図

・単位はcm・[　]内は縫い代、指定以外は1cm

キャンバス（白にグレイッシュブルーのチェック柄プリント）

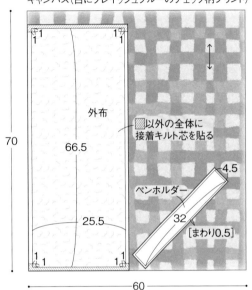

外布
66.5
70
25.5

以外の全体に
接着キルト芯を貼る

ペンホルダー
4.5
32
[まわり0.5]

60

厚手コットン（グリーンの無地）
縫い代以外に接着芯を貼る

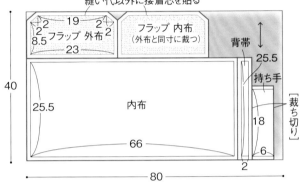

フラップ 外布
2　19　2
2
8.5
23

フラップ 内布
（外布と同寸に裁つ）

背帯
25.5
持ち手
[裁ち切り]
18
6
2

40
25.5
内布
66
80

※実際のダブレットのサイズに合わせて
寸法は調整してください。

1　持ち手を作る

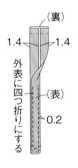

外表に四つ折りにする
1.4　1.4
（裏）
（表）
0.2

2　ペンホルダーを作る

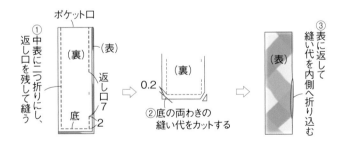

ポケット口
①中表に二つ折りにし、返し口を残して縫う
（裏）（表）
返し口7
2
底

②底の両わきの
縫い代をカットする
0.2
（裏）

③表に返して縫い代を内側へ折り込む
（表）

3　フラップを作る

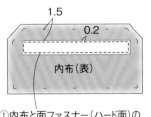

1.5
0.2
内布（表）

①内布と面ファスナー（ハード面）の
中央を合わせて縫う

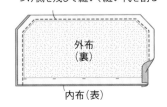

②外布と内布を中表に合わせ、
つけ側を残して縫い、縫い代を割る
外布
（裏）
内布（表）

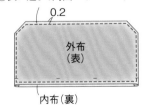

③表に返して周囲にミシンステッチをかける
0.2
外布
（表）
内布（裏）

4　外布を作る

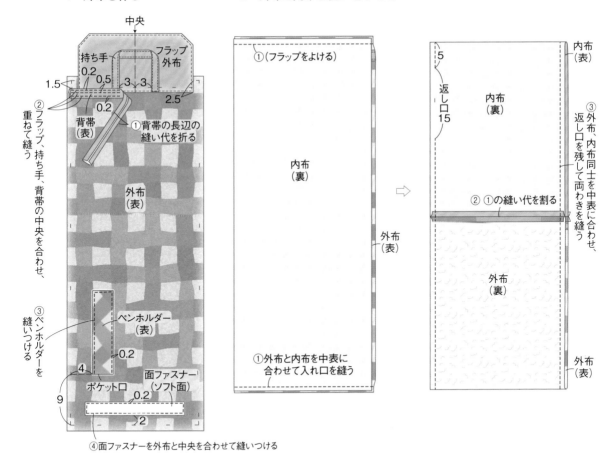

中央

持ち手
0.2
0.5

フラップ
外布

1.5

0.2

背帯
（表）

3　3

2.5

② フラップ、持ち手、背帯の中央を合わせて、

① 背帯の長辺の縫い代を折る

外布
（表）

③ ペンホルダーを縫いつける

ペンホルダー
（表）

0.2

4

ポケット口

面ファスナー
（ソフト面）

0.2

9

2

④面ファスナーを外布と中央を合わせて縫いつける

5　外布と内布を縫い合わせる

① （フラップをよける）

内布
（裏）

外布
（表）

①外布と内布を中表に合わせて入れ口を縫う

5

返し口
15

内布
（裏）

③ 外布、内布同士を中表に合わせ、返し口を残して両わきを縫う

内布
（表）

② ①の縫い代を割る

外布
（裏）

外布
（表）

6　まちを作る

（裏）

わき
2.5

底

底の角を三角にたたんでまちを縫う

・外布、内布各2か所同様にする

7　仕上げる

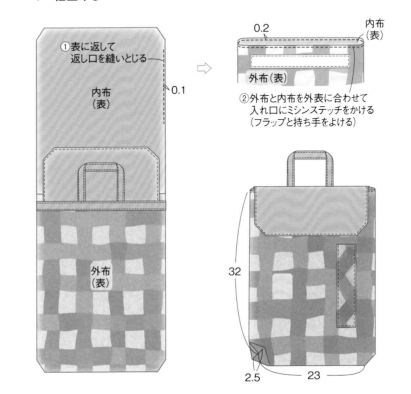

① 表に返して返し口を縫いとじる

内布
（表）

0.1

外布
（表）

0.2

内布
（表）

外布
（表）

②外布と内布を外表に合わせて入れ口にミシンステッチをかける（フラップと持ち手をよける）

32

23

2.5

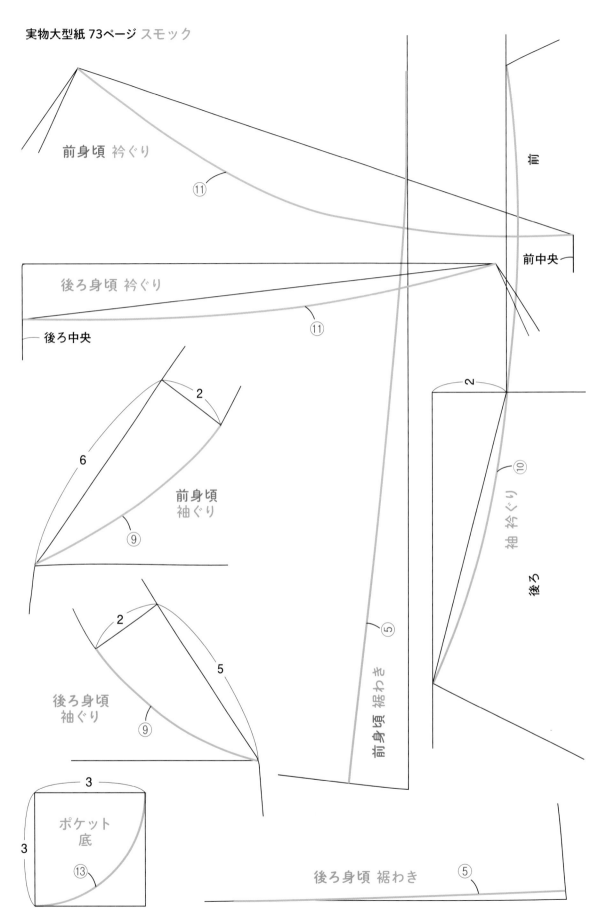

前身頃 衿ぐり
⑪

後ろ身頃 衿ぐり
⑪

後ろ中央

前

前中央

2

6

前身頃
袖ぐり
⑨

2

袖 衿ぐり
⑩

後ろ

2

5

前身頃 裾わき
⑤

後ろ身頃
袖ぐり
⑨

5

3

ポケット
底
⑬

3

後ろ身頃 裾わき
⑤

1.5

10

7

実物大型紙
79ページ
リュック
フラップのカーブ

中央わ

7

面ファスナー
つけ位置（内布）

型紙を開く

実物大型紙
70ページ
エプロン
本体のカーブ

〈 ステッチの刺し方 〉

ストレート・ステッチ

1 3 5
出 出 出

2 4 6
入 入 入

たてまつり

バック・ステッチ

4
入

3　1　1
出　出　入

フレンチ・ノット

2回巻き

2入

1出

レジーデージー・ステッチ

3出

1出　2入

4
入

アウトライン・ステッチ

3出
5出

出
2
入
4入

チェーン・ステッチ

1
出

3出　2入

5
出
4入

ブランケット・ステッチ

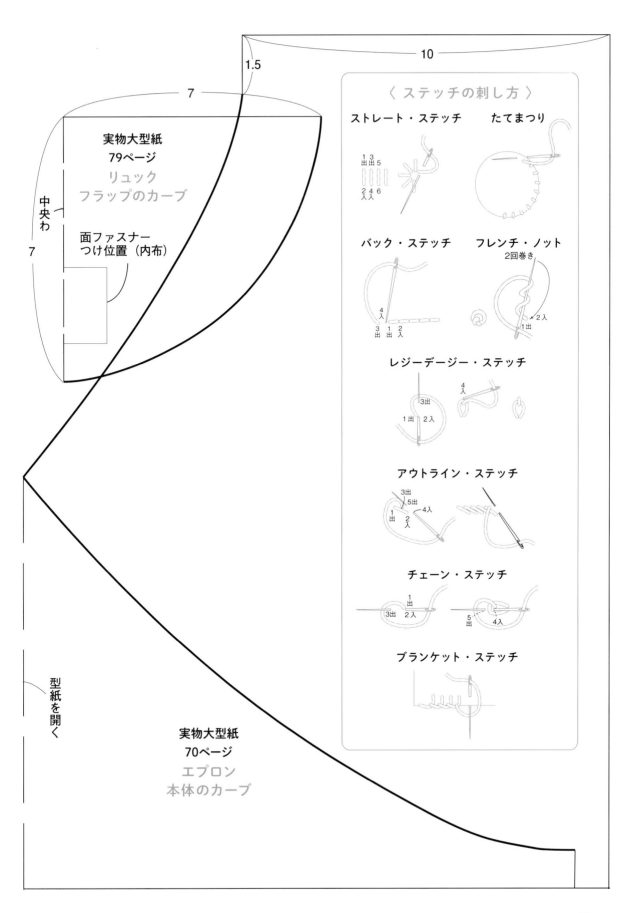

作品デザイン（五十音順）

青木恵理子

赤峰清香

komihinata ／杉野未央子

阪本あやこ

スタッフ

ブックデザイン／塚田佳奈（ME&MIRACO）

撮影／下村しのぶ

プロセス撮影／中辻 渉

スタイリング／串尾広枝

ヘア＆メイク／AKI

モデル／ルイーズ（117㎝）　ユウリ（118㎝）

プロセス指導／青木恵理子

作り方解説／吉田 彩

トレース／大森裕美子

校正／渡辺道子

編集／小出かがり

編集デスク／川上裕子（成美堂出版編集部）

〈撮影協力〉
AWABEES　Tel. 03-6434-5635
UTUWA　Tel. 03-6447-0070

はじめてでもかわいく作れる 通園・通学バッグとこもの

編 者　成美堂出版編集部

発行者　深見公子

発行所　成美堂出版
　　　　〒162-8445　東京都新宿区新小川町1-7
　　　　電話(03)5206-8151　FAX(03)5206-8159

印 刷　大日本印刷株式会社

©SEIBIDO SHUPPAN 2024　PRINTED IN JAPAN
ISBN978-4-415-33327-4
落丁・乱丁などの不良本はお取り替えします
定価はカバーに表示してあります

〈素材提供〉

大塚屋ネットショップ
https://otsukaya.co.jp/store/

P.22「昆虫アップリケのセット」キルティング（紺と白のヒッコリーストライプ）、コットン（紺と白のヒッコリーストライプ）
P.26「プリンセスのセット」コットン（紫系ボーダー柄プリント）、11号帆布（ライトブルーの無地）
P.44「ピアノバッグ」11号帆布（ブラックの無地）
P.45「バレエセット」オックス（くすみピンクに白のダマスク柄プリント）、オックス（くすみピンクの無地）

株式会社デコレクションズ
https://decollections.co.jp/（公式ショップ）
https://www.rakuten.co.jp/decollections/（楽天ショップ）
https://shopping.geocities.jp/decollections/（Yahoo!ショップ）

P.24「パステルカラーのセット」コットン（白に水玉風スクエア柄）、オックス（ピンクの無地）
P.25「星ポケットのセット」オックス（ダークブラウンの無地）、コットン（グレーと白のストライプに星柄）
P.30「星座プリントのランチセット」コットン（黒の星柄プリント）、オックス（グレーの無地）、ワッペン
P.31「北欧風プリントのランチセット」オックス（パープル系の雲柄プリント）、オックス（ライラックの無地）、ワッペン
P.36「スモック」コットン（マスタードの鳥柄プリント）
P.39「移動ポケット」コットン（オレンジ柄プリント、紺の乗り物柄、オフホワイトの花柄）
P.40「雨の日の絵本バッグ」ラミネート地（ブルーの雲柄プリント、グレーの星柄プリント）

kippis
kippis　https://www.kippis.online/
craf「北欧と布と毎日」　https://www.e-craf.com/c/hokuou

P.33「保冷バッグ・巾着」ナイロンタフタ（グレーに白のシロクマ柄）

nunocoto fabric
https://www.nunocoto-fabric.com/

P.8「布切り替えのセット」オックス（イエローとグレーのチェック柄プリント）
P.20「いぬ柄プリントのセット」オックス（アイスブルーの犬柄プリント）
P.34「エプロンと三角巾」オックス（ブルーと白のストライプ）
P.41「リュック」オックス（白にライトグレーのチェック柄プリント）
P.47「タブレットケース」キャンバス（白にグレイッシュブルーのチェック柄プリント）

布の通販 リデ L'idée
https://www.lidee.net/

P.21「帆布とチェックのセット」11号帆布（ネイビーの無地）、コットン（白とグリーン系のチェック）、綾テープ（赤）

富士金梅®（川島商事株式会社）
https://fujikinbai.com/

P.34「エプロンと三角巾」厚手コットン（シルバーグレーの無地）
P.46「大きめナップサック」ナイロン地（ネイビーの無地、カーキの無地）
P.47「タブレットケース」厚手コットン（グリーンの無地）

〈用具・素材提供〉

クロバー株式会社
Tel. 06-6978-2277（お客様係）
https://www.clover.co.jp

P.4・6・7の用具（ミシン、アイロン、アイロン台を除く）
P.34「エプロンと三角巾」ゴムベルト（黒）
P.46「大きめナップサック」内巻きテープ（黒）

・ 紹介している生地、用具は2023年12月現在の情報です。商品によってはデザインの変更、品切れになる場合もあります。
・ このリストにない生地は作家の私物です。